住宅展示場では教えてくれない本当のこと。

新版

SAWADA MASUO
澤田升男
住医学研究会名誉顧問
ウェッジグループオーナー

the mediasion
ザメディアジョン

第1章 実体験で痛感した、日本の家の問題点

第2章

住宅業界は、早く壊れる家を造りたい

第3章 本当に良い家を造ろう

第4章 家が病気を治す

健康住宅を
さらに進化させる
第5章

第6章
お施主様の症例が示す「0宣言の家」の効果

プロローグ

「うちの子はアトピーなんだけど、新築住宅はアトピーの発症や悪化の原因になると本に書いてあったけど、〇〇ハウスさんは大丈夫なの？」

数年前、私がある大手ハウスメーカーのモデルハウスを訪ねたときのことです。見学に訪れていたお客様が、ハウスメーカーの営業マンにこんな質問をしている声が聞こえてきました。

営業マンが明るい声で「当社の住宅の材料は全てF☆☆☆☆（エフ・フォースター）の建材を使っています。国が認めたものですからね、大丈夫ですよ」と答えると、お客様も、「よかった。国が認めているなら安心ね。さすが、業界ナンバーワンの〇〇ハウスさんね」と、ほっとしたのか、満面の笑みを浮かべておられました。

二人の会話を聞きながら、私は、「今でも使われているなんて、〝国が認めた〟という言葉は本当に便利だな。まさに『魔法の言葉』だ」と思いました。

この言葉を使うだけで詳細なデータも何もなしに、皆を安心させてしまうのですから、魔法としか言いようがありません。

もちろん、お客様の立場になってみれば納得されるのも無理はありません。第三者的な立場の〝国〟が認めているのですから、いいものに違いないと思うのも当然です。私だって若い頃は、すっかりこの「魔法の言葉」を信じ込んでいたくらいですから。

しかし、今は、この言葉を聞くだけで怒りに似た感情を覚えるのです。

30年以上も建築業界で仕事をしてきた私には、この言葉の悪意が分かるのです。

前述の「国が認めたF☆☆☆☆」というのも、実際は良くない材料なのですが、〝国〟を出すことで、何の疑いを持たせず簡単に信じさせる「魔法の言葉」の一例なのです。

「F☆☆☆☆」というのは、新建材に含有される接着剤から放出されるVOC（揮発性有機化合物）が人体に悪影響を及ぼすことから、その接着材を規制するために生まれたものです。国の基準をクリアしたものを「F☆☆☆☆」と名付け、建物の内装に制限なく使用できるのは「F☆☆☆☆」の認定材だけであると法律で定めたのです。

これだけ見れば、新建材の安全性が確保されたように思われるかもしれませんが、残念なことに、住宅の建材が「F☆☆☆☆」と規制されたのにもかかわらず、アトピー、喘息などの症状は、減少するどころか増加しているのが現実です。数年前には、新築された参議院会館に出入りする国会議員の多くが、シックハウスになったと報道されたこともあります。もちろん、この建物に使用されている建築資材も「F☆☆☆☆」ですから、法律に適合していることから建物を建てた業者には、何の罰も課せられません。

では、なぜ、そうした問題が起こるのでしょうか。それは、規制方法に問題があるからです。

「F☆☆☆☆」の規制では、世の中に多数存在するVOCの中で、ホルムアルデヒドとクロルピリホスという2種類だけしか制限されません。環境に厳しい欧州では、48種類ものVOCが規制されるほど深刻な問題なのに、日本ではたった2種類。人体に最も悪影響を及ぼすアセトアルデヒド等は、制限していないのです。つまり、規制する前よりも多少良くなっただけであり、新建材が人体に悪いことには変わりないのです。

しかも、日本ではヨーロッパのように人体に安全な材料を作る技術がないのかと言えば、そんなこともありません。無添加の糊を使用すれば、いとも簡単にできるはずです。

しかし、国はなぜかそうした材料を推奨しません。

それは、何の利益も生まない消費者よりも、将来の天下り先である大手メーカー寄りの思想でものごとが決められているからです。

自然素材の糊は、工業化製品の接着剤と比較すると高価な上に、乾燥速度が極めて遅いことから大量生産ができません。それでは大手メーカーのビジネスが成り立たなくなってしまうのです。

そうしたことから、大量生産が可能であり、なおかつ安価で、以前より多少でもＶＯＣの放出の少ない接着剤を使用しているのです。もちろん、人体には悪影響を与えますが、少しばかり良くなった部分だけを示し、安心、安全と言っているだけにすぎないのです。それでも、国のお墨付きがあることで、以前よりも売上が伸びたのです。

つまり、「F☆☆☆☆」のような法による規制は、住まい手のためというよりも大手メーカーを守るために作られたのです。

また、大手メーカー主導のしくみは規制だけでなく、税の優遇、補助金制度なども同様です。国では「長期優良住宅」や「省エネ住宅」「ZEH（ゼッチ／ネット・ゼロ・エネルギー・ハウス）などの普及促進のため、さまざまな優遇措置を講じていますが、それらの優遇を受けるのは、ほぼ大手メーカーの資材であり工法なのです。

さらに、国が推奨する工法や資材は、マスコミも大きく取り上げるものです。なぜなら、大手メーカーはマスコミにとって大スポンサーですから、大手メーカーの意向通りの報道がされがちです。

こうした世の中の仕組みから、私たちは知らないうちに、メーカーの資材や工法は、安心なものであると思い込まされ、粗悪な建物を高い価格で購入してしまっているのです。

私は、本書のタイトルを『住宅展示場では教えてくれない本当のこと。』と付けました。

住宅展示場に行っても、真実は「魔法の言葉」でうやむやにされてしまう。

国もマスコミも、大手メーカーの有利な方向に導いていこうとする。

誰かが本当のことを言わなければいけないと思ったのです。

そして、なぜ私が真実を明かす役目を買って出るのかというと、私自身が「魔法の言葉」を信じ、「魔法の言葉」を用いて、ユーザーには悪い家だと分かっていながら己の金儲けのためにそれらを利用したビジネスを行ってきたからです。

今から思えば人として最低の行為をしたものだと心が痛みます。そうした経験をしたことで、これ以上建築の素人であるユーザーが、以前の私のような心ない業者の餌食にはなってほしくないという気持ちと、業者側にも正直なビジネスをしていただきたいとの思いから、勇気を持ち真実を語らせていただきます。

本書では、私が経験から学んだ家造りの真実、本当に良い家とはどのような家かを詳しくご紹介していきたいと思います。

私のお話しする内容が、家造りを検討されている皆さんのお役に立つのであれば幸いです。

第1章

実体験で痛感した、日本の家の問題点

マイナスからスタートした工務店経営

第1章では、私自身が〝国が認めた〟資材や工法を信じた挙げ句、苦悩することになった経験を交えながら、現在の日本の住宅の問題点についてお話ししたいと思います。

私は、22歳で大学を卒業し、地元のサブゼネコンに入社しました。実家は父の興した小さな工務店でしたが、父の仕事には否定的な気持ちがあり、そのまま家業を継ごうなどという考えは微塵《みじん》もありませんでした。

父の建てていたお寺の庫裡《くり》や和風住宅の建築には全く興味はなく、高層ビルやデザイナーズ住宅といった近代的な建物に憧れていました。

しかし、期待に胸を膨らませて働き始めたゼネコンも、たった半年で辞めることなりました。父の工務店が多額の借金を抱えていたため、家族から戻って来て欲しいと頼まれたからです。

ド田舎でジリ貧で、頑固な父の経営する工務店の跡を継ぐなんてことは、当時の私からすれば牢獄に行くようなもので、絶対に実家には帰りたくありませんでした。今の時代のように、破産宣告しようとも銀行や債権者から、守ってもらえる時代ではありません。

倒産＝一家離散、夜逃げというのが当たり前の時代です。

そうした厳しい時代でも父は、良い家を造ることにしか興味がなく、経営のけの字の興味もなかったのです。根っからの職人気質なのです。

例えば、お客様が気に入らないというだけで、「じゃ、壊して造り直してやる」などという言動は日常茶飯事だったのです。これでは、赤字工務店となっても当然です。そうしたことからも、社会に出たばかりの右も左も分からない私などでも、家族に期待されたのかもしれません。

ただ、その期待は、私には本当にありがた迷惑極まりないものでした。

当時の私は、育てていただいた恩より、そうした境遇を恨んでいました。「なんで長男なんかに生まれたんだ。長男と言っても末っ子だ。姉ちゃんが男だったら良かったのに」という、やりきれない気持ちを抱いていたのです。

しかし、幼い時から家業を継ぐと言い聞かされてきた私は、両親のそうした状況を放っておくことができませんでした。結局、やるしかないと覚悟を決めたのです。

実家に戻ってみると、会社の経営状態は予想以上に深刻で、多額の借金がある上に売上もジリ貧状態で、私の工務店経営はマイナスからのスタートになりました。

とにかく、抱えている借金をどうにかしなければ倒産するしかありません。そうした危機感から、私は、借金の返済だけに没頭しました。

もう頭の中は「仕事、金、借金」しかありません。

そこで取り組んだのが、赤字経営となった父の昔ながらのやり方を変えることでした。

会社経営が上手くいかなかった原因は、父が建築の新しい技術を全く勉強していないために、時代に乗り遅れたためだと考えていたからです。

父は、小卒で大工の道に進んだ叩き上げの職人でした。

何の資格も持たず、建築の計算式も知らず、昔ながらの方法でお寺の庵や和風住宅を建てていました。

そして、その方法は、とにかく膨大な時間と手間を要するものでした。

家の骨組みとなる木材は自社の製材所で加工し、十年近い歳月をかけて自然乾燥するのです。また、内装に使用する床材から建具材までの全てを数年かけて乾燥させ、手作業での加工が必要な無垢材を使っていました。

そればかりか工業的な断熱材は一切使用せず、断熱材の役目を果たす土壁も自社の手作りです。赤土と藁を混ぜ合わせ、数年寝かせることで藁が発酵し、藁の持つ繊維が土と馴染むことで強固な素材となるのです。

しかし、どれほど手間と時間をかけて材料を作っても、悲しいことに、金には換算してはもらえないものなのです。


また、父は材料ばかりでなく、職人までも自社で育てていました。

一般的な工務店は、現場ごとに「一件いくら」という方法で外注することから赤字にはなりませんが、父のやり方は、自社で育てた大工さんが自分の納得する仕上がりになるまで時間のことは一切気にせずに、給与をもらいながら家を建てるというものでした。こうしたやり方ですから、ほとんどの現場が赤字でした。

さらに、その職人の育て方も昔ながらのやり方だったのです。

中学を卒業したばかりの若者を丁稚《でっち》として家に住み込ませ、5年ほど預かるのです。丁稚というのは、学校のように学ぶ立場ですが、少ないながらも給与は支払わなければいけませんし、部屋も食事も無償提供です。何十人もの丁稚を長い期間面倒みるのですから、かなりの経費がかかります。しかも、折角育てた職人も一人前になれば、皆、独立してしまうのです。

こんなやり方をしていたのですから、経営が赤字になるのは、社会に出たての私の目から見ても分かるというものです。

私は、そんな父を反面教師にして、大学では建築工学を学び、建築士、施工管理技士、宅地建物取引士等、多数の免許を取得しました。資格ばかりでなく、設計コンテストでは、全国一位に何度もなりました。また、公共の大型物件の現場監督や国からの依頼で積算や設計もこなしました。

このように、どっぷりとエリート建築にはまった私は、小学校しか出ていない無知な父のやり方ではうまくいくはずがないとの思いから、父とは真逆ともいえる大手メーカーの資材や工法を用いたほうが良いに決まっているという思いを強くしたのです。

国と大手メーカーを信じて選んだ道

実家に帰った直後、私は、父のような自然素材を使った家造りから、大手建材メーカーの工業化製品を使った建築に切り変える決意をし、自社の住宅展示場を造りたいと考えました。ただ、建てると決めても会社には展示場を造るような資金はありません。あるのは超ド田舎に建つ父の家と広大な土地くらいでした。

しかし、資金に余裕がなくても、展示場がないと旧態依然の体制を変えることはできません。

父の時代に建てたものはお寺の庫裡や和風住宅ばかりで、工業化製品の実績は全くありませんし、30年以上も前の時代では、工業化製品がそれほど世の中に浸透していなかったこともあり、お客様に見ていただくための展示場は必須だったのです。

そこで、私は、個人で借り入れをしてマイホームを建て、展示場として使うという苦肉の策に出たのです。とはいえ、23歳の若造が調達できる資金は、たかが知れているというものです。大手ハウスメーカーのように立派な展示場を建てる資金は調達できず、結局、お金のかかる水回りは父の本宅を利用することにして、水回りなしの20坪ほどの居室だけのマイホームを〝離れ〟として建築することにしたのです。

それから数カ月後、同じ敷地の中に父の造った和風住宅と私の造った洋風住宅という、全く異なるタイプの家が並んで建ちました。

対象的な父の家と私の家

父の建てた母屋《おもや》は、昔ながらの〝手造り〟の和風住宅でした。骨組みは、自社の製材工場で加工した材木、外壁は土壁の上に漆喰を塗り、瓦は土葺き。内装材は自然乾燥させた無垢板を使っています。

すでにご紹介した通り、材木も土壁も利用できるようになるには、かなりの時間と手間を必要とすることから、大量生産品に比べてコスト高となります。また、長い月日を必要とするのは、材料製造だけでなく、現場での工事にも長い歳月が必要となることから工事費用も割高となります。

構造材となる骨組みは、大工さんが、半年ほどかけて手で刻むのです。ちなみに、一般的には、プレカットという機械を利用することから、半日程で加工できるのです。また、土壁を塗るには、何日もかけて竹を編んだ上に土壁を塗り、半年ほどの乾燥期間を要します。こうした一部だけをみても、ほぼ一年です。

しかも、そうした施工には、高い技術を持つ熟練工が必要となることから高い賃金を払わなければいけません。まさに、時間とコストのかかるとても面倒な工法なのです。

一方、私の建てたマイホームは、〝国が認めた〟メーカーの資材・工法を使った、〝工業化製品〟の家でした。

外壁には窯業系《ようぎょうけい》サイディングに吹付による塗装、屋根には窯業系コロニアル（カラーベスト）、内装の壁、天井は、おしゃれなビニールクロス、床は木目調のビニールを合板に張り付けたフロアー合板としました。

そして、〝大手メーカーかぶれ〟していた私は、材料だけでなく工法も国が推奨する高気密・高断熱仕様としました。

高気密・高断熱工法を簡単に説明しますと、床、壁、天井の下地にビニールを張り巡らせ、寸分の隙間もない状態にすることで気密性を高め、空気の移動を止めることで断熱性を高める工法です。また、断熱材は工業化製品の定番である安価なグラスウールとしました。

このように、骨組みの木材以外は、ほぼ、メーカーの工業化製品としたのです。数値が一定な工業化製品を使用したことで、家の性能の数値化ができ、メーカーの保証も付きます。

さらに、工業化製品を使った家は、施工が容易で工期が短く、仕上がりも綺麗な上にローコストというメリットがあります。実際に完成したマイホームも、見た目は非常に良い出来栄えでした。

完成したマイホームに大満足した私は「たくさんの人に喜んでいただける家造りができる。これで、借金も返済できる」と、希望に胸を膨らませました。

こうした資材や工法は、今でこそ珍しくはありませんが、当時はまだ目新しく、画期的なものでした。特に岐阜の田舎では、昔ながらの和風住宅が当たり前であり、工業化製品の建物は、ごく稀だったのです。

そのおかげで業界に入りたての素人同然の私でも、数年で多くのお客様の支持をいただくことができ、売上も急増、数年で超優良企業となり得たのです。

「お客様にも喜ばれ、業者である私もお金が儲かる。これこそ夢の住宅に違いない。いち早く、取り組んで大正解だ。俺は、なんて凄い奴なんだ。日本で一番になれるに違いない」。

その時の私は、心からそう思うおめでたい人間だったのです。

何十年も住宅業界にいる父が建てられない建物を造ったことで、父を超えたと心から思っていたのです。今から思えば、全くもって嫌な人間の代表のようなものでした。

まさか、この後に想像を絶するような展開が待っていることは、知る由もなかったのです。

5年後に直面した衝撃の光景

工業化製品を使ったマイホームは、見た目は、かなりいけていましたが、住んでみるとそれはもう地獄でした。

夏は、蒸し暑いことからエアコンの冷房温度を最低限に設定して24時間フル回転。冬は、底冷えすることから、最高温度に設定してこちらもフル回転。しかも、朝起きればアルミサッシは結露でベトベト、その周りはカビだらけと、とても快適とは言えませんでした。

また、数年すると、ピカピカだった外壁は雨垢だらけ、サイディング同士をつないでいるコーキング材は、素材がゴム製であるために夏は伸び、冬は縮むという伸縮を繰り返してヒビが入り、外壁から雨漏りがするようになりました。

さらに、家の内装は、サッシ周りだけでなく、ビニール製品を多用したことで調湿をしないことから結露がひどく、家全体がカビだらけの空間となりました。

この有様では、展示場としてお客様に見ていただくことは到底できません。そのため、築7年ほどで600万円もの大金をつぎ込み、リフォームしたのです。わずか7年でリフォームするほどの金銭的な余裕はありませんでしたが、商売に支障をきたすことを考慮すれば致し方なかったのです。

しかし、思い切ってリフォームしたにもかかわらず、展示場として使用できたのは、ほんのつかの間でした。新築時と同じように外壁、屋根、内部全てが数年で劣化してしまったのです。

600万円もかけたのに、またもやリフォームが必要になりました。2回目のリフォームでは、経年劣化がより激しかったため、前回よりも100万円多い700万円もの金額が必要でした。

そこまでつぎ込むなら新築したほうが得ではないかという思いもありました

が、当時の私には新築するような経済力もなく、リフォームという選択肢しかなかったのです。

そして2回目のリフォーム後も、結局は前回と同じように数年で劣化してしまいました。

ここまできて、私は、「建て替えよりもリフォームのほうが、これから先のことを考えれば費用が莫大にかかる」ということにようやく気づき、マイホームの解体という選択をしたのです。

結果として、この家に使った費用は、新築時に1100万円、最初のリフォームに600万円、2回目に700万円、さらに、解体費用が100万円、合計すると、実に2500万円もの費用を要していたのです。坪数は、20坪でしたから、坪単価にすると125万円です。

新築時の坪単価は55万円でしたから、ローコスト住宅だと思っていたのですが、結果的には超ハイコスト住宅となってしまったわけです。

こうした短期間で何度もリフォームを必要とする家は、業者側には全くもっておいしい家ですが、住み手側にすればたまったものではありません。業者である私ですが、このときばかりは消費者側の悲劇も経験したのです。

そして、マイホームがこの有様ですから、当時、私が建てたお施主様の家も、次々と同じような状態になりました。どの家も短命で、数年でリフォームが必要になったのです。

お施主様に「え？　５年でまたそんなにお金がかかるの？」と、大変なお叱りを受けたことも幾度となくあります。お引き渡しの時、うれしそうな笑顔を見せてくださったお施主様が、険しい表情で私を責めるようになったのです。

しかし、お施主様が怒るのももっともだと思います。ほとんどの方が住宅ローンを利用して家を建てているため、当時のローン金利（8％強）で3千万円の家を建てれば、返済するお金は1億円近いのです。

5年間でようやく少し返済したと思ったら、またリフォームで費用がかかると言われたら、「またかかるの？」と言われても当然なことです。


私にマイホームを依頼してくれた知人の中には、

「こんな家、建てなきゃよかった」

「あなたを信じて建てたのに」

という言葉を最後に連絡が取れなくなった方も多数存在します。

親しく付き合ってきた人から言われた言葉は、特に心に突き刺さったものです。

「この世から消えてなくなってしまいたい」と思うほど落ち込んだことは、一度や二度ではありませんでした。

真実への気づき

私のマイホームが、どんどん劣化し、解体に至った一方で、２０１７年現在で築36年が経過している父の家は、給湯器等の設備機器を除けば一切の補修はありません。自然素材の家は、最初は高額なのですが、補修費用を考慮すればかなり割安なのです。

また、この二つの家には、寿命以外にも大きな違いがありました。

それは、ランニングコストの問題です。

高気密な私の家は、全ての部屋にエアコンを取り付けましたが、今でこそ、ここ数年の異常気象から数台のエアコンが付いてはいるものの、新築時の父の家はエアコンが不要だったのです。

国やメーカーの指示通りに計算をした私の家にはエアコンが必要で、何の計算もしていない父の家にエアコンが必要ないのは、最初は腑に落ちませんでしたが、よくよく考えれば当然なことです。

私の家は、床にはビニールを張り付けたフロアー合板、壁、天井はビニールクロス、また、それらの下地の全てに高気密仕様とするために、呼吸をしないビニールシートを張り巡らせていたのです。家の呼吸とは、湿度を取り込んだり、逃がしたりすることです。つまり、呼吸をしない家は無調湿な空間となることから、夏は多湿であり、冬は乾燥してしまうのです。そのため、機械を用いた除湿、加湿が必要になるのです。

一方、父の家は、分厚い土壁が内部の湿度を自然に調湿します。夏は大気中の湿度を土壁が吸い込み、冬は土壁自体が持っている湿度を大気中に放出してくれるのです。また、漆喰や無垢の木も同様です。湿度には50%に達するまで高いところから低いところへ移動する性質があり、自然の素材は、何の加工をしなくても自ら調湿することから、夏は涼しく冬は暖かいという体感を得られるのです。

エアコンがフル稼働の私の家と自然調湿をする父の家とを比較すれば、当然ながら私の家はランニングコスト高となるのです。

冷静に考えれば当たり前なのですが、私をはじめ、多くの消費者はマスコミや大手メーカー、あるいは大学の教授などが、もっともらしい計算式を確立し、それらを推奨すれば、それだけで良い工法に違いないと思えてしまうものです。

中でも、建築学問に無知だった父を否定していた私は、父の家造りの本当の良さに気づくことなく、国の推奨する資材や工法を何の疑いもなく、すんなりと受け入れたのです。

「魔法の言葉」で真実から目をそらす

自宅の変化に気づいた時点で、すぐに工業化製品の家造りをやめたいと何度も思いましたが、当時はそれを実行に移すことはできませんでした。

工務店の二代目になって5年、ようやく経営が軌道に乗り始めたころでしたし、職人さんや家族を食べさせていくためには、致し方なかったのです。

当時は、国やメーカーの誘導により、徐々に世の中の風潮が工業化製品は良いという考え方になってきていましたし、父が続けてきた昔ながらのやり方では、利益を得るのが難しく、とてもビジネスとして成り立ちません。そうした理由から、住まい手のためにはならないと分かってはいても、工業化製品の家造りを継続したのです。

結論として、私は、お金儲けのために心を売ったのです。

人として最低な選択かもしれませんが、経営者としては最適な選択をしたのです。そうした選択をしたことにより、時代の波にも乗り、売上は面白いように伸び続け、経済的には優良企業となったのです。

しかし、順風満帆な経営も、それほどは長く続きませんでした。

シックハウスという問題をマスコミが取り上げるようになり、大手ハウスメーカーでもない私の会社には、それを覆す力はなかったことから、徐々に受注数が落ちたのです。

永遠に売上は伸び続けると思い込んでいた私は、とにかく焦りました。昔のように、借金に追われるのは、もう御免という気持ちでありとあらゆる策を講じましたが、何をしても一度狂ってしまった歯車は、なかなか元には戻りません。

自力では、どうにもならないことを悟った私は、プライドをかなぐり捨てて誰かの指導を仰ぐ決意をしたのです。

そして、大手のコンサル会社の知恵を借りることにしたのです。

ところが、大金をはたいてコンサルを受けたものの、画期的な打開策を授かるまでには至らず、経営にもあまり生かすことができませんでした。

ただ、そうした中でも、唯一、ためになるアドバイスがありました。

それがプロローグでお話しした「魔法の言葉」です。

「国が認めた資材・工法を使っていますから」

「業界最大手の建材メーカーの材料のみを使っていますから」

こうした言葉を発するだけで、お客様のほとんどは、すぐに納得してしまうというのです。

このアドバイスを受けた当初は、何のデータも見せないで、皆が簡単に納得するわけがないとの思いでしたが、会社を守るために、駄目元でコンサルタントの指導通りに、私の会社に不信感を持つお客様にその言葉を発したのです。

すると、そのお客様は、「そう、それなら安心ね」と二つ返事で納得され、いとも簡単に契約にこぎつけたのです。それ以来、「魔法の言葉」に味を占めた私は、悪いとは分かっていながら、お金のために、この言葉を巧みに操り、工業化製品の家を売り続けたのです。「魔法の言葉」を使ったことで、以前とは比較にならないほどの売上、利益を上げる超優良企業となったのです。

弱冠20代で数十億円企業の経営者になったことから、地元の新聞やテレビにも取り上げられ、周りからは、羨望の眼差しで見られるようになりました。また、周りだけでなく自身を天才だと思いこみ、天下を取るは我なりと思うことも度々という超有頂天ぶりだったのです。

しかし、そうした心とは裏腹にいつもどこかにやるせない気持ちがありました。それは、お客様のためにならないばかりか、不利益になることを隠し、国を利用することで勘違いさせてまで、自身の金と名誉のためにやっていることが、心のどこかにひっかかっていたのです。

毎日毎秒「人のためにならないことは、今すぐやめるべき」「いや、ほとんどの業者がやっていることだし、法律違反でないから悪いことではない。お金を儲けることが正義だ」と二人の私がいつも禅問答を繰り返していたのです。

ところが、悩んでいても負けず嫌いで強がりな私は、人には相談できません。

傲慢で将軍気質な私のプライドが邪魔をして、情けない姿を見せられず、誰にも気持ちを打ち明けられずにいたのです。

そんなとき、一冊の本との出会いがあったのです。

それは、経営学の巨人、ピーター・F・ドラッカーについて書かれた本でした。その本には、ビジネスに対しての心構えが中心に書かれていたことから、経営に悩んでいた私にはとても参考になりました。

その中でも、最も私を勇気づけてくれたのは「知りながらにして害をなすな」という言葉でした。

法律で規制されておらず、法的には罪にはならないことでも、消費者側が不利益を生じることを知ってしまった以上は、やるべきではないと書かれていたのです。また、それを貫いた上で益を得た者だけが本物の経営者であり、本物のビジネスだと書かれていたのです。

単純な私は、この本を読み終えた時には全ての悩みは吹っ飛び、覚悟を決めていました。「例え、いばらの道でも、どんな大きな弊害が生じても、人として誇れる生き方をしよう。誇れるビジネスをしよう。人様のためになるビジネスをする」と固く誓ったのです。国やメーカーに頼らなくても、そのことで逆風を受けることになっても、本物の家造りで成功してやろうと決心したのです。

覚悟を決めた私は、改めて住宅について猛勉強を始めました。すると〝国が認めた家〟のさまざまな問題点が次々と具体的に分かってきたのです。

なぜ、〝国が認めた〟資材・工法で建てた家は、5年でリフォームしなければならないのか。まずはこの問題について、今まで造ってきた家の劣化の場所やその状況を事細かく書き出してみたのです。そうした分析をすればするほど、全てにおいて共通項があったのです。そして、私は、結論を見いだしたのです。

その原因とは、ひと言でいえば〝工業化製品〟だったのです。

工業化製品の劣化速度の早さの原因を突き止めたのです。

それがどういうことなのか、私のマイホームに使用した材料を例に、これから一つずつお話ししていきます。

サイディングは水を吸う

私のマイホームに使用した外壁材は、窯業系サイディングです。

この外壁材は、今でも日本の一般住宅の85％ほどに使用されています。

窯業系サイディングが、住宅業界に登場したときは、誰もが素晴らしい材料だと絶賛しました。私自身も「まるで夢のような材料じゃないか！　すごいぞ！」と、飛び上がるほど喜んだことを覚えています。

まず、材料費が安い。次に、工期が短い。そして、施工に難しい技術が必要ない。工務店の経営が立て直しの最中で、人も金も余裕のない私にとっては、まさに理想的な材料だったのです。

しかし、時間の経過とともに、窯業系サイディングの問題点が目に見えるようになりました。私の家の外壁は、築5年で雨垢だらけとなり、見るも無残な状態となったのです。

では、なぜそのような状態になったのでしょうか。

窯業系サイディングはスレート（セメントと石綿を混ぜ合わせたもの）でできているため、水を吸う性質があります。雨や夜露といった水分を吸収する性質があるのです。

「窯業系サイディングは水分が染みやすいのは分かった。だから表面にペンキを塗り、水分を通さないようにするのでは？」と、思われるかもしれませんが、実はペンキもそれほど役に立ちません。ペンキの粒子は水の粒子よりもはるかに粗いことから水はサイディング内に侵入してしまうのです。

それを証明するのが、東北や北陸などの寒冷地での外壁の短命化です。

このような寒冷地では、冬の昼間に降った雨がペンキで塗装した窯業系サイディングであっても内部に浸透し、その水分が夜間に凍って膨張するという現象が起きるのです。こうなるとサイディングの内部はスカスカになり、窯業系サイディング自体の寿命が5~6年という短命になることからも、ペンキでは100％水の浸透を止められないことが分かるのです。

また、ペンキはビニール系であることから静電気を帯びやすく、ホコリを引き寄せ、汚れの大きな要因となるのです。

しかも、ペンキを外部に使用すれば化学的効果はおおよそ5年ほどであり、すぐに再塗装が必要となるのです。

こうしたことからも、湿気大国の日本で、吸水性の高いサイディングに劣化の早いペンキを組み合わせるのは、全くもってナンセンスな行為なのです。

さらに、窯業系サイディングにはもう一つ重大な欠陥があります。

それは、窯業系サイディングのボード同士をつないでいるコーキング（ジョイント材）です。

前述しましたが、コーキングはゴム製ですから、夏は高温のために伸び、冬は低温のために縮むことから伸縮を繰り返します。そうした原因からゴムが劣化し、つなぎ目に亀裂や隙間ができてしまい、雨漏りの原因となるのです。

これもまた、短命化を促進する材料の組み合わせなのです。

サイディングは地震に弱い

窯業系サイディングの問題点は、まだあります。

私は、ボランティアとして幾度か東日本、熊本の被災地に足を運びました。

その中で、最も多い被害は、窯業系サイディングの損傷でした。

新しい家でも、長期優良住宅でも、ハウスメーカーの高額な家でも、家の種類に限らず数多くのサイディングの落下、ひび割れという現実を目の当たりにしたのです。しかし、こうした本当のことは、なかなか報道されません。やはり、ここでも、何かの権力が動いたのかもしれません。

では、なぜ窯業系サイディングに多くの被害があったのか。その理由を説明させていただきます。

まず、落下ですが、サイディング自体の重量がかなり重い上にサイディングのジョイントが、連結されていないことが一番の原因かと思います。しかも、そのジョイント部分は前述したコーキングで埋めてあることから、見た目では分からず、あまり問題視されないのです。

また、サイディングのひび割れは、材質が硬いことから地震の揺れを吸収でき

●東日本大震災によるサイディングの被害（福島県郡山市）

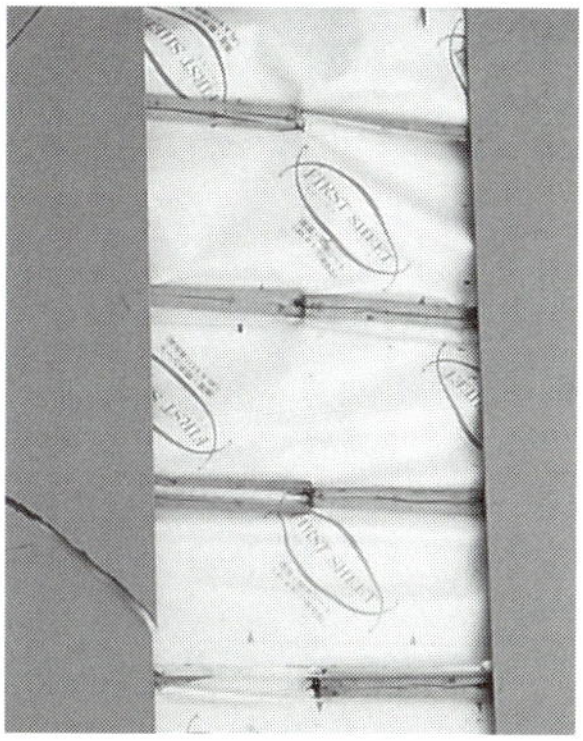

窯業系サイディングの重さで、一部が揺れで外れ落ちていました。また、材質が硬いため、建材自体にも割れが生じています。

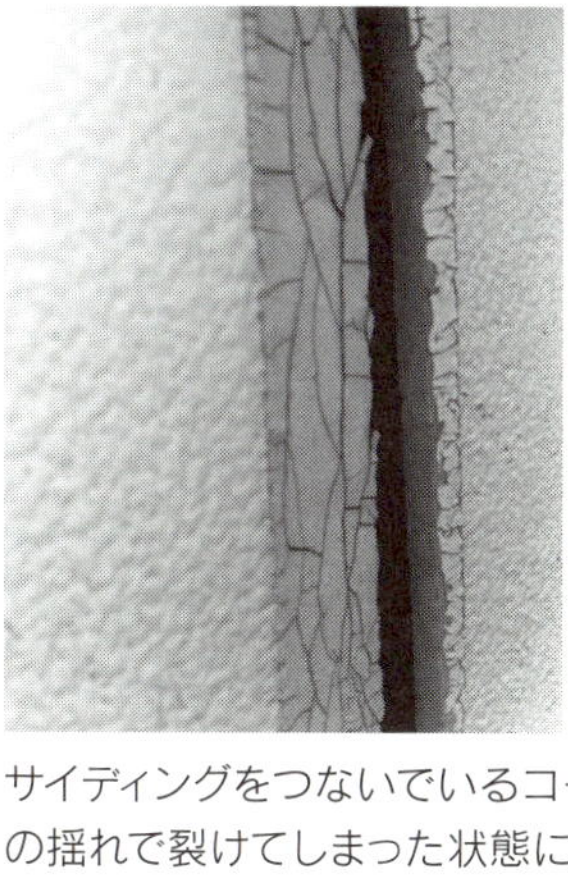

サイディングをつないでいるコーキングが劣化してひび割れ、地震の揺れで裂けてしまった状態に。

ないことと、水を含むことで劣化し、強度が落ちていることが考えられます。

他にも、窯業系サイディングはコンクリート製品ですから、夏の昼間の表面温度は60℃超にもなり、冬は0℃近くになる上に、内部に熱を伝えやすい材質であることから、断熱効果も悪くランニングコストにも悪影響を及ぼします。

日本のほとんどの家に使用されているにもかかわらず、こうした多くの欠点がある資材なのです。

ちなみに、外壁材で「へーベル」という材料がありますが、厚みがあるため一見強固に見えますが、サイディングよりも気泡が粗く吸水性が高いことから、サイディングより短命であり、地震にも弱いという欠点があります。

カラーベストは水が好き

屋根には、窯業系コロニアル（カラーベスト）を使いました。

この材料は、材料自体が安価であり、工期も短いことからローコスト住宅にはもってこいなのですが、寿命の短さといったらサイディングの倍以上なのです。

カラーベストも、外壁に使った窯業系サイディングと同様にスレートで作られており、水を吸いやすいという問題があります。つまり、雨や雪にもっとも晒される上に紫外線を最も多く浴びる屋根に、こうした資材を使えば、長持ちするはずがありません。

私のマイホームも、早々に屋根の劣化が進み、真っ先に見た目の変化が起きました。2年ほどで、色が抜け黒から灰色となりました。色が抜けるということは、表面の塗装が劣化しているということです。撥水効果もより失われ、水が内部に侵入して割れなどが生じたことから、雨漏り等のトラブルも経験しました。

そして、屋根に関しては、もう一つ大失敗をしました。

カラーベストを固定する下地には安価で施工が容易な合板を使用したのですが、カラーベストから雨漏りした部分は下地の合板まで腐食してしまいました。

また、雨漏りがしていない部分でも、湿気を含み、手で触れただけで穴が空くほどボロボロになりました。

結果として、カラーベストのみをやり変える予定だったのですが、全ての合板を張り替えるという大工事となってしまったのです。

こうした経験から、合板は湿気に弱いという事実を知りました、私の家は、耐久性のないカラーベストを使用しましたが、もし、仮に耐久性の高い瓦を使用していたとしても、湿気に弱い合板を使用していたことで、屋根のリフォームを免れることはなかったと思います。

グラスウールが家を腐らせる

次に、壁の内部の断熱材についてです。

断熱材には、グラスウールを使いました。グラスウールは安価で、施工も簡単という理由と、メーカー品だから父の家の土壁なんかより断然良いに違いないとの思いで、何の迷いもなく選択したのです。

しかし、その選択は大きな過ちでした。

住んでみて分かったのですが、グラスウールは、ほぼ断熱の役割をしないと言っていいほど、断熱効果が感じられなかったのです。

とにかく、夏暑く、冬寒いのです。

夏は、24時間冷房をフル回転しても涼しさを感じませんでした。また、夜中も暑さとの戦いでした。寝苦しく何度も目を覚ましたものです。

冬は、エアコンの暖房を最強にしながらも、こたつに入り、ファンヒーターをかけるという有様でした。そればかりか、部屋の中でジャンバーを着込むこともありました。朝は吐く息は白く、寒さで布団からなかなか出られないという状況でした。まさに、家の中も外と同じようなものだったのです。こんな生活状態ですから、夏と冬の電気代は、春や秋の3倍にもなりました。

こうした断熱の悪い家は、他にもさまざまな問題を引き起こすものです。

リフォーム時に分かったのですが、壁を剥がしてみると壁内が結露しており、木材は腐ってカビだらけの状態で、健康的にも問題のある家になっていたのです。

なぜ壁内に結露が生じたのかというと、外壁の窯業系サイディングは、夏に太陽光が当たると、表面が60℃ほどの高温になります。逆に冬は、外気が低いことから低温になります。

また、コンクリート製品であることから、その熱を壁内へと伝導します。

●解体で判明した壁内結露

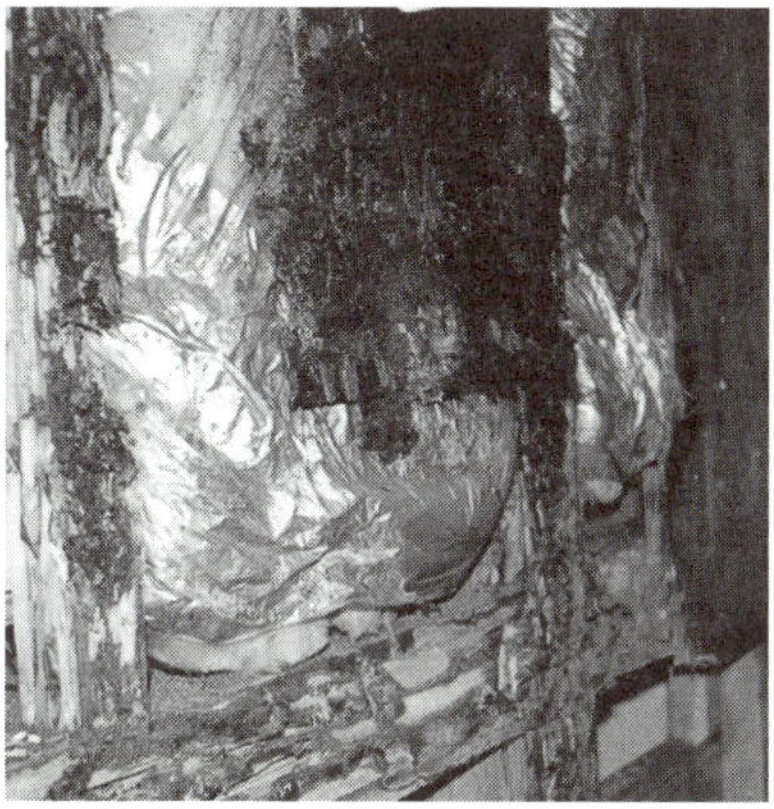

壁内結露によって腐った柱や梁(はり)などからカビが発生し、カビの胞子やカビをエサとするダニが繁殖。家の寿命を早めるだけでなく、人体にもアレルギーやアトピー、喘息など、さまざまな悪影響を与えてしまいます。

家の中は、冷房、暖房で温度を調整していることから、グラスウールのように断熱効果に欠ける材質を使用すれば、双方の熱が通過してしまい、温度差のある外気と内気が触れ合い、夏は断熱材の内側、冬は外側で結露するのです。

なぜ夏と冬で結露する場所が異なるかというと、空気は温度の高いほうが湿気を蓄えやすいからです。つまり、冷房をかけた夏は内側の温度が低く、冬は暖房のため内側の温度が高いことから、温度の低い側に結露が生じるのです。

しかし、たとえ外気と内気に温度差があっても、土壁のように調湿効果がある材質ならば湿気を吸いこみ、その吸い込んだ湿気は水蒸気として放出することから壁内に水分は残りにくくなりますが、グラスウールは原料がガラスのため、湿気を吸いません。グラスのまわりに水滴が付くように、壁内に留まった湿気はグラスウールにくっついて壁内結露となるのです。

結露は、柱や梁《はり》など建物本体まで腐らせ、家の寿命を縮めることになります。また、結露はカビやダニの発生の大きな要因でもあり、人体にも悪影響を及ぼす空間にもなるのです。

私の家が短命であったのは、目に見える部分だけではなく、目に見えない部分への知識、意識の無さも大きく影響していたのです。

ちなみに、住宅のことを勉強する中で、断熱材にはグラスウール以外にもいくつかの種類とその特徴があることを知りました。

例えば、羊毛（ウール）を使った断熱材もありますが、こちらもグラスウール同様にコンセント周りに隙間ができやすいことから施工性が悪く、動物アレルギーの方は、蕁麻疹《じんましん》などを発症する場合があるので注意が必要です。

また、石を綿状にしたロックウールは、原料は石でも構造が多孔質《たこうしつ》（多数の微細な穴のある構造）になっていないため、調湿効果は期待できません。しかも、羊毛と同様の理由から施工に難点を生じやすい材質です。

そうした隙間がなく断熱性能も高いものとして、発泡系のウレタンが最近では注目を浴びていますが、調湿性がないことと燃焼しやすいという欠点があり、床より上部の使用には向きません。

私たちが取り組んでいる「0宣言の家」では、基礎断熱に断熱材として発泡系のウレタンを使っていますが、調湿を必要としない床から下の基礎コンクリートのみに使用しています。床から上の断熱材として使用しているのは、セルローズファイバーという新聞紙を粉砕した調湿効果の高い資材です。この資材については、第3章で詳しく説明させていただきます。

日本の家はビニールハウス

断熱材の次は、内装材について説明させていただきます。

マイホームでは、壁、天井にはビニールクロス、床のフローリングとドアにはビニール系の合板を合わせた集成材を使いました。

最初は、こうした空間に和風住宅にはない洗練さを感じ、とてもおしゃれだと満足していたものです。しかし、実際に生活してみると、そうした感覚は一気に吹っ飛んでしまいました。

まず、調湿性がないことから夏は蒸し暑く、冬は底冷えしました。盆地である岐阜には、全くもってそぐわない工法だったのです。

他にも、ホコリやカビにも、悩まされたものです。

ビニールは静電気を発生することから、大気中の粉塵を引き寄せ合い、ホコリの発生しやすい空間となります。

しかも、ビニールで包まれた室内は通気性が悪く、夏は高温多湿となることからカビが発生しやすくなります。カビは、ホコリをエサとすることからビニールハウスの我が家は、カビが生殖するには格好の空間だったのです。

そして、ビニールは厚みが数ミリと薄いため、床や壁の表面に傷が付き、下地の合板がむき出しになりました。こうした傷は、無垢材のように削って簡単に直せないことから、いつまでも合板がむき出しであり、そうした傷を見る度に、なんて安っぽい家なんだろうと落ち込んだものです。

また、この家に住んだことで、家族全員が静電気を帯びやすい体になりました。

冬、金属性のドアノブに触れると、ビリッと静電気を感じることが度々でした。

当時は、家が私達の体をそうしてしまったとは微塵も思いませんでしたが、住宅と健康について勉強をするにつれて、その原因が分かってきたのです。

ビニールは化学繊維でできていますから、静電気を帯びやすく、そのような空間に住めば体も帯電することになり、ビニールと同じように静電気を帯びやすくなるのです。例えて言うなら、化学繊維の服を着れば静電気が起きやすく、綿などの自然素材を着れば起きにくいことと同じような原理なのです。

特に、床にビニールを使用するのは、足から充電しているようなものです。帯電した体は酸性となり、免疫力が落ち、疾病を引き起こしやすくもなるのです。

ビニールの内装は、一見、洗練されたように見えますが、見た目とコスト以外は全てにおいて悪魔の空間なのです。

日本ではこの工法が、もはや当たり前になっていますが、海外から見れば不自然極まりないようです。

以前、アメリカの知人に、「日本の住宅は、ビニールハウスだ」と馬鹿にされたことがありました。その時は、「日本といえば木造が多い」と反論しましたが、知人曰く「私が見た家の内装は、全てビニールだった。まさにビニールハウス、プラスチックハウスだ。そして、そのビニールの家のコストが異常に高いのは不思議だ」と言い返され、私には、それ以上返す言葉がありませんでした。

考えてみれば、骨組は木造が多くても、内部は、ほぼビニールです。床、壁、天井だけでなく、ユニットバス、キッチン前のパネル、畳も、幅木《はばき》も、建具も、全てビニールで作られている家が大半なのです。これでは知人が「日本の家は、ビニールハウスだ」と断言しても仕方がないと思いました。また、海外の漆喰や無垢の木材を使用した家よりも、日本のハウスメーカーのビニールの家は、めちゃくちゃ高いというのも紛れもない事実なのです。

極論ですが、これほど家造りにビニールが多用されている国は、世界でも日本が群を抜いています。

例えば、住宅文化の高いヨーロッパでは、クロスといえばビニールではなく布製です。クロスという単語を和訳で調べても「布」という意味で、ビニールとは結びつきません。しかし日本の住宅では、布までもビニールにしてしまっているのです。

では、なぜ、これほどまでに日本の家がビニールを多用するのかといえば、それは、業者側が利益を得やすいからです。

ビニール製の工業化製品は、温湿度による材質の変化が少ない上に、すでに加工もされていることから、経験の少ない職人でも施工が比較的簡単です。それにひきかえ無垢材は天候により変化しやすく、施工も職人による手加工が基本であることから、そうしたことに対応できる熟練工を必要とします。

つまり工業化製品を使用すれば経験の少ない低賃金の職人でも十分ですが、無垢材を使用すれば高賃金の熟練の職人を雇わなければならないのです。ビニールを使うか否かで、人件費にも大きな違いが生まれてくるのです。

また、工業化製品は、安価な材料を組み合わせ大量生産していることからも、原料が高価な上に手加工している無垢材と比較すればかなり安価です。

例えばビニールクロスなどは、一般の人がインターネットで購入しても1平方メートルあたり100円ほどです。延床面積40坪程の家の壁、天井、全てに使用しても総額で4万円ほどです。また、フロアー合板も1平方メートルあたり1000円ほどです。同様の大きさの家の床全てに使用しても、たったの10万円ほどで、無垢材と比較すると10分の1にも満たない金額なのです。

こうした理由から、業者が儲けるためにビニールが多用されているといっても過言ではないのです。

では、なぜ、ヨーロッパの家には、日本のようにビニール製の工業化製品を使用しないのでしょうか。それは、ヨーロッパの住宅に対する考えが日本とは大きく違うからです。ヨーロッパは、住宅を文化として捉えています。住宅とは、自然素材を用い職人が丹精こめて手造りをするものだという文化が、古代から現代まで受け継がれているのです。まるで日本の伝統工芸である漆塗りの文化が守られているかのようです。

それにひきかえ、日本の住宅は文化ではなく産業なのです。産業とは、言い換えれば金儲けです。だから、金が儲かることが基本として考えられており、金が儲かることが正しいという思想なのです。

高気密・高断熱工法の家は呼吸をしない

さて、資材の次は、工法です。

私のマイホームは〝国が認めた〟高気密・高断熱工法としました。

一般的な高気密・高断熱工法は、壁の内部や床下にビニールを張って家の気密性を高め、外部と空気を通わせないようにすることで熱損失を抑え、断熱性を高めるというものです。私も「〝国が認めた〟工法なら、夏涼しく、冬暖かく過ごせるような家ができるに違いない」と思い、教科書通りに、床下、壁、天井の下地の全てにビニールを張り巡らせ、つなぎ目はテープで密着して寸分の隙間もない工法としたのです。ビニールでびっしり囲んだ空間を見た私は、これだけの密閉性があればかなり断熱性の高い家になるだろうと自信満々であり、生活をするのが楽しみで仕方がありませんでした。

ところが、実際に暮らしてみたら、前述したように地獄の空間だったのです。夏は暑く、冬は底冷えし、各部屋でエアコンが欠かせませんでした。夏は冷房と除湿、冬は暖房と加湿がフル稼働ですから、不快であるだけでなく、光熱費も莫大な家だったのです。

なぜ〝国が認めた〟工法なのに、このような結果になってしまうのでしょうか。

人間が暑い、寒いと感じる体感温度は、湿度と関係があるにもかかわらず、国が認めた高気密・高断熱工法には、湿度調整という視点が欠けていたのです。

ビニールで覆われた家は調湿しません。すなわち湿度を取り込んだり、逃したりという、呼吸をしないのです。

家が呼吸をしないと、溜まった水分はそのまま室内に浮遊するしかありません。これはサウナスーツを着ている時と同じような状態です。夏場に湿気が高くなると、じめじめとした空気が体の熱の蒸発を阻み、余計に暑さを感じるようになります。同じ気温でも、湿度が低ければ爽やかに感じるものです。

同様に、冬は空気が乾燥しているために、熱が奪われやすく、余計に底冷えを感じるものです。冷静になって考えてみれば分かることですが、国やメーカーが推奨しているから間違いないとの思い込みから、経験の浅い当時の私は、何の疑いも、冷静な視点も持てなかったのです。このような不快な経験をしたことで、私は、家自体が呼吸をしなければダメなことを痛感しました。

そして、呼吸する家の手本が、すぐ隣にあったのです。まさに灯台下暗しです。

父の建てた家は、エアコンを使わなくても、無垢材や漆喰、土壁が調湿を行ってくれます。夏の湿気が多い時期でも湿度は60％前後、冬の乾燥している日でも40％ほどの湿度を保っています。加湿器も除湿器も必要ないのです。

国や大手メーカーの思惑で提唱される、断熱性能を示すC値やQ値の数値を計算しつくして建てた私の家よりも何の計算もしていない父の家のほうが、圧倒的に体感が良い。私が決死の覚悟で習得した学問は、父の経験には完敗でしたが、最後には、正しい答えに辿り着くことができたことはせめてもの救いです。

余談ですが、最近では、「外壁通気工法」を、国が推奨していることから、この工法にするのが当たり前になっています。しかし、この工法にも、多くの問題があるのです。

外壁通気工法は、窯業系サイディングの熱を内部に伝えないようにするために、次ページの図のように外壁と内壁の間に一定の通気層を設けるというものです。

●一般的な高気密・高断熱工法の家の壁断面
（外壁通気工法）

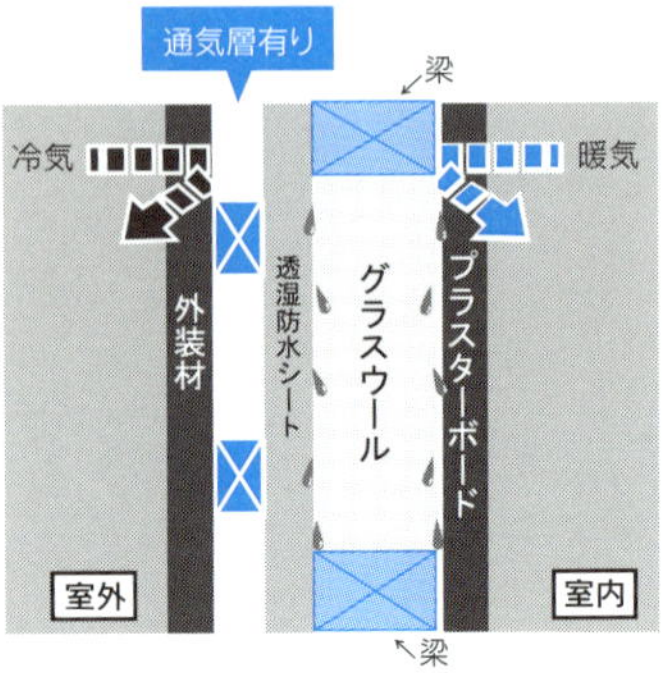

外壁通気工法は、外壁からの冷気（暖気）を室内に伝えないようにするため、外壁と柱の間に通気層を持たせる工法です。しかし、15ミリほどの通気層では、外壁の熱を完全に遮断できないだけでなく、通気層内の空気の対流によって熱が発生し、内部に伝わってしまうため、壁内に結露が発生することになります。

壁伝いに熱が直接伝わらないため、熱伝導が止まるというメリットがある半面、通気層で空気の対流熱が起こり、完璧な断熱にはならないという欠点があります。

また、通気層を設けることで躯体と重量の重いサイディングとの連結面が少なくなることから地震にも弱くなります。

他にも通気口からコウモリやネズミなどが侵入し、通気層に巣を作るという問題も起きています。熱を伝えないために設けた空間が、完璧な効果をもたらさないばかりか、新たな問題を作ってしまうのです。

こうした多くの欠点を考えると、空気層を作るよりも、外壁が熱を持たない材質を使用することが大事かと思います。

例えば、ログハウス工法の丸太や在来工法の土壁、漆喰等は、熱を持ちにくい素材であることから、外壁通気は必要としません。このように外壁が熱を持たない工法や素材を使うことで前述した問題は解決できるのです。

家族の身体をむしばむ家

窯業系サイディング、窯業系コロニアル、グラスウール、そして、ビニール。5年でリフォームが必要になるような家は経済的な損失だけではなく、健康面でも私の家族に恐ろしい影響をもたらしました。

それが、アトピー性皮膚炎という病気です。

私には3人の娘がいますが、長女と三女は、かなりひどいアトピーです。

家が原因でアトピー性皮膚炎になったという因果関係は、明確にはできませんが、私の数多くの経験上、巷で言われているような添加物の摂取などよりも、家という環境のほうが大きく影響しているのは間違いないと思います。

住環境によるアトピー性皮膚炎の原因は、大きく分けると三つあると推測できます。前述した工業化製品によるVOC、結露によるカビやダニです。

詳しくは第4章でご紹介しますが、この考えについては、私の家族だけでなく数多くの家を建てた経験から十分証明ができます。

当時の私が経営する工務店は、私のマイホームのような工業化製品の家を主軸にしながらも、年に10棟ほどログハウスの建築にも携わっていました。ログハウスといえば工業化製品をほぼ使用しない究極の自然素材住宅です。

こうした全く異なるタイプの家を建てていたことも、私に数多くのことを教えてくれたのです。特に健康面については、まさに対極であり、中でも免疫の少ないお子さんたちには如実な違いが現れました。

工業化製品の家に入居されたお子さんは、アトピーや喘息になる確率が高く、しかも症状が悪化してしまいました。一方、ログハウスに入居されたお子さんは、病気にならないばかりか、重度のアトピーでも半年ほどで改善されたのです。こうした両極端な現実を、私は目の当たりにしたのです。

このような違いが出たのは、前述した三つの原因（ＶＯＣ、カビ、ダニ）に尽きるのではないかと思います。

工業化製品の家は、その資材に含有されている接着剤からＶＯＣを放出します。また、ビニールを多用していることから調湿性がなく、結露によるカビやダニも発生しやすくなります。そして、ダニのフンや死骸が空気中に浮遊し、その汚れた空気を吸うことでアレルギーやアトピー、喘息など、さまざまな病気になると考えられるのです。

ログハウスは、ほぼ無垢材が使用されており、VOCを放出することはありません。また、調湿効果と断熱効果が高いことから、結露が起こりにくくダニ、カビが生じにくいのです。こうした違いが、両極端な結果を招いたのだと思います。

「魔法の言葉」も進化する

ここまで、私のマイホームを例に、〝国が認めた〟資材・工法で建てた家の問題点をご紹介してきました。その家は、長持ちせず、光熱費がかかり、しかも家族の健康まで脅かすものでした。

私自身は、何十年も前に「もう嘘はつけない」と、当時の資材も工法もやめ、「魔法の言葉」は封印しましたが、今でも「魔法の言葉」を巧みに使い、〝国が認めた〟

資材・工法で家を建てるハウスメーカーや工務店は全国に多数あります。というよりも、ほとんどの業者がそうなのかもしれません。

また、その言葉もＶＯＣだけでなく広範囲に広まっているのです。

その良い例が、地震です。

東日本、熊本の震災以降、地震に強い家を希望される方が増えてきました。地震に強い家にも、また、「魔法の言葉」が使われているのです。

日本の住宅は耐震等級１〜３の数値でランクづけされ、数値が大きいほうが地震に強いと言われています。「長期優良住宅」では、耐震等級２以上が認定基準となっていますから、これも〝国が認めた〟基準の一つです。国側からすれば、耐震等級１は、「地震に弱い家だからお勧めできません」と言っているわけです。

ところが、ここに興味深いニュースが飛び込んできました。

防災科学研究所などの機関が起震機を用いて、建物の倒壊実験を実施したところ、「長期優良住宅」に認定されている「耐震等級2」の建物でも震度6強で倒壊したというのです。耐震等級3でも倒壊する想定だったと言いますが、「長期優良住宅でも倒壊する」と記事が載ったことで業界でも大きな話題となりました。

しかも、接合部を強固にしていた建物・試験体1のほうが、接合部を緩めにした建物・試験体2よりも先に倒壊してしまいました。私もYouTubeでこの実験を見たのですが、揺れ始めた時は、試験体1はびくともしていなかったため、大揺れしている試験体2よりも地震に強いのかと思いましたが、しばらくすると、揺れの少なかった試験体1が崩れ落ちたのです。その映像が、とても衝撃的だった記憶があります。

また、実験では倒れなかった試験体2も、揺れ出した直後に建物の接合部が外れて構造上は倒壊状態になっており、結局、「耐震等級2」の建物はどちらも倒壊したということです。

●耐震実験を伝える新聞記事

新建ハウジング（発行：株式会社新建新聞社　2009.11.10）

防災科学技術研究所・兵庫耐震工学研究センター（E-ディフェンス）で行われた倒壊実験の結果を伝える記事。

出典：新建ハウジング

では、なぜ試験体1が完全に倒れたのに対し、試験体2が建物の形をとどめていたのかというと、地震で接合部が外れたことで揺れが周囲に伝わりにくくなったからです。

つまり、金物を多用し揺れを吸収しない仕様であった試験体1は倒壊し、壊れながらも揺れを吸収することができた試験体2が残ったわけです。

こうした結果からも、揺れの少ない耐震等級2以上の建物が、揺れの大きい耐震等級1の建物より地震に強いとは限らないのです。

建物の実験だけでは分かりにくいかもしれませんが、我々は、実際の生活の中でこうした経験を多数しています。

そのいい例が、橋の構造です。橋は揺れることで、車や列車が通った振動を逃がします。もし揺れを生じなかったら、振動に耐えきれず破壊する可能性が大なのです。

他にも、東京タワー等の高層な建物は、風による振動を大きく受けますが、それに逆らうのではなく、ある程度、その力を受けながら揺れることで破壊しないようになっています。このように力を逃すことを、建築では免震工法として応用しているのです。耐震よりも免震こそが、本当に地震に強い工法であり、耐震等級だけで地震に強い弱いを判断してしまうのは危険な考えなのです。

しかし、こうした事実は、住宅展示場の営業マンは決して教えてはくれません。

「〝国が認めた〟耐震等級2の建物ですから、地震に強いですよ。金物を使用することで強固ですよ」

などと説明し、説明されたお客様のほうも、「それなら安心できる」と納得してしまうのです。

資材も、工法も、耐震等級も、〝国が認めた〟という「魔法の言葉」は、真実を見誤らせるものでしかないことを、ぜひともご理解いただきたいと思います。

本当に良い住宅とは？

ここまで、私が苦い経験を通して知った、〝国が認めた〟家の問題点などをご紹介してきました。

工業化製品を使って家を建て、家が長持ちしないばかりか、機械に頼ってランニングコストもかかり、家族が病気になる。こんな家が良い家のはずはありません。

「魔法の言葉」でごまかしても、真実は変わらないのです。

これまでの経験を踏まえて、私が行き着いた「本当の良い家」とは、

①長持ちして資産価値の落ちない家
②機械に頼らず、ランニングコストのかからない家
③調湿性があり、家族が健康に暮らせる家

という三つの要件を満たす家です。

どれもごく当たり前のことのようですが、今の日本の住宅事情ではそうとは言い切れないというのが実状です。「魔法の言葉」に惑わされず、この三つの条件を網羅する納得のいく良い家造りをしていただきたいと思います。

第1章まとめ

父の家と私の家、比較してわかったこと

私の家

“国が認めた”工業化製品の家

・サイディング
・カラーベスト
・グラスウール
・ビニール製品
・高気密・高断熱工法

→

- 劣化が早く、数年でリフォームが必要になる家
- 断熱性が低く、エアコンがないと暮らせない家
- 調湿せず、家族の健康に悪影響を及ぼす家

父の家

“手づくり”の自然素材の家

・自然乾燥した無垢材
・土壁と漆喰

→

- 築36年でも、リフォームの必要がない家
- 家自体が調湿し、エアコンがなくても夏は涼しく、冬は暖かく快適な家

今の日本の住宅は、“国が認めた”という“魔法の言葉”で問題点をごまかしている!

工業化製品の家は、劣化が早いだけでなく、健康にも悪影響を及ぼす

ハウスメーカーへの質問例

“魔法の言葉”に惑わされないための、チェック問答例

Q シックハウスが気になるのだけど、大丈夫？

A

「F☆☆☆☆の資材を使っているから大丈夫です」「国の規制をクリアしたものを使っているから安全です」などと答えるハウスメーカーには要注意。

規制されている化学物質は、わずか2種類だけであり、特に人体に影響があるといわれるアセトアルデヒドも規制対象になっていません。続けて「アセトアルデヒドも大丈夫なの？」と聞いてみてください。それでも安全と言い通す、あるいは、答えられないメーカーよりも、「私たちは独自にVOC（化学物質）検査をします」というところに任せたほうが安心できると思います。

Q この家は地震がきても大丈夫？

A

「耐震等級2の家ですから、地震に強いですよ」などと答えるハウスメーカーには要注意。

本文でご紹介した通り、長期優良住宅の認定条件である「耐震等級2」の建物だから地震に強いとは言えません。金物を多用している家は、小さな地震には強くとも、大きな地震の時には揺れを吸収できずに倒壊してしまうのです。つまり、「耐震等級2だから大丈夫」ではないのです。地震対策としては「耐震」よりも、揺れを吸収して逃す「免震」に関する知識を持ち、きちんと説明できるハウスメーカーを選ぶことが重要です。

第2章

住宅業界は、早く壊れる家を造りたい

大手メーカー主導で動く住宅業界

ここまでご紹介してきたように、〝国が認めた〟資材や工法は、それが住まい手にとって本当に良いとは言えません。むしろ、不利益なほうが多いと言えます。それでも国が認め続けるのは、住宅業界、いや日本という国が、権力ある大手メーカー主導の構図になっているからです。

その証拠に、家を実際に建てるハウスメーカーだけでなく、その材料を供給する資材メーカーである大手企業には、必ずと言っていいほど国土交通省等の官僚の天下りが数多く在籍しています。しかも、その多くは役員待遇です。

退職後に、自分がお世話になる企業です。国がメーカー主導としても何ら不思議ではありません。これは住宅業界に限らず、どの業界でも当たり前の構図なのです。

例えば、医療の世界もそうです。

数年前に副作用のない抗がん剤が発売され、私の知合いのお医者様の多くは「これで、患者さんのがん治療の負担が減る。メスを握らなくても良い」と、飛び上がらんばかりに大絶賛しておられました。しかし、いつのまにか理由も示されないままなぜか発売中止となってしまったのです。私の尊敬するドクターはその発表を受けたことで、3日間も寝込んだそうです。

私は、この謎を多くの医療関係者にお聞きしてみたのですが、「その薬があると、いとも簡単に癌が治ってしまうから外科医、抗がん剤、レーザー治療機械等の多くが必要なくなってしまい、それで困る人がたくさん出るから。厚労省の天下りとかが、国に何とかしてもらっているんじゃないの?」との答えをいただきました。

それを聞いた私は、大納得でした。

なぜなら住宅業界にも似たようなことが多数あるからです。

特効薬ができて病気がすぐに治ってしまうと都合が悪いのと同様に、住宅業界も、早く壊れる家を建てるために大企業が役人をうまく利用してあの手この手を使っているのです。住まい手からすればとんでもない話ですが、これが業界の事実なのです。

では、なぜ早く壊れる家を建てたいのかといえば、業界全体が先細りしているからです。

日本が世界に類を見ないスピードで超高齢社会に突入したことは、皆さんご存知のとおりです。そして、今後は人口が減少していくことも明白です。

人口が減るということは、新築住宅の着工も減るということです。

バブルの時代、200万戸あった新築着工件数は、今では85万戸まで減少しています。さらに、あと5、6年もすれば、50万戸前後になるとも言われています。

国内の需要が減少するなら輸出すればと思いがちですが、それも無理なのです。残念ながら日本の家や建材を買ってくれる国はありません。本物志向で建築文化の高い海外では、誰も相手にしてくれないのです。

建築件数が減少し、輸出もできないとなると、生き残る唯一の術は、リフォームしかないのです。

「早く壊れる家を造り、減少した新築の穴をリフォームでまかなう」

これが、今の住宅業界の本音であり、それを正当化するために国とマスコミを利用しているのです。

有機物でできた家は劣化が早い

大手メーカーの目指す「早く壊れる家」について、もう少し書かせていただきます。〝国が認めた〟資材や工法で家を建てるのをやめ、さまざまな分野の勉強をしたことで、私はあることに気づきました。

家を建てるときに使う資材を見てみると、有機物と無機物の二つに大きく分けられるということです。

この二つの言葉を辞書で引いてみると、有機物は動くもの、無機物は動かないものとあります。この二つは、まさしく私の家と父の家なのです。

私も父も、当時は、これが有機物か無機物かと考えて資材を選んで建てたわけではないですが、不思議なくらいに使ったものが有機と無機に分かれていたのです。

私のマイホームに使った窯業系サイディングや窯業系コロニアル、グラスウール、ビニールなどは〝工業化製品〟です。そして、これらには全て接着剤（アクリル）等の有機物が含有されていました。一方、父の建てた母屋に使われている自然素材は、無機物そのものでできており、アクリル等は一切含有されていませんでした。

父の母屋は、36年経った今もノーメンテナンス。私のマイホームはたった十数年の間に二度のリフォームをしたにもかかわらず、17年で解体しなければならなかったことも、この資材の違いと深く関わっていました。

有機物の資材は、総じて劣化が早いのです。

なぜ有機物が早く劣化するのかというと、有機物は動くものであり、外部からの影響で変化するからです。酸素や紫外線などの影響を受けるのです。

例えば、外壁塗装に用いるペンキなどは、原料に有機物が使われているため、時間の経過とともに塗膜を形成する分子が変化し劣化します。劣化が進むとチョーキング（白亜化）現象といって、塗装の表面が粉を吹いたような状態になります。壁にもたれたら衣服に白い粉がついたという経験をお持ちの方も多いと思いますが、それは塗装表面の塗膜が劣化し、むき出しになった顔料がさらに劣化し、酸化することで起こる現象なのです。

こうした変化により、ペンキを外部に使用すれば寿命は、わずか5年ほどなのです。

また、社会的問題となったアスベスト（石綿）も接着剤を含んでいることから、時間の経過とともに接着剤が劣化し、粉塵となり空気中を浮遊します。粉塵が浮遊すると聞いても、目に見えないことからあまり気にされないかと思いますが、目に見えないからこそ危険なのです。

目に見えない微粒子は、たとえマスクを装着しても通過してしまいますし、体内の細かい細胞にも入り込んでしまうのです。中でも、一番弊害を被るのは肺です。微粒子の粉塵を吸い込むことで、肺に刺さり、肺がんを引き起こす大きな要因となるのです。

こうした材料は、アスベストだけでなくアクリルが含有されている全てに当てはまります。特に、珪藻土はその代表的なものだと言えます。珪藻土は水で溶いただけでは固まらないため、接着剤が含有されています。その接着剤が経年劣化することで、アスベストと同じような問題を起こすのです。ヨーロッパ諸国では、珪藻土の使用を禁止している国もあるほど危険な資材なのです。

では、もう一方の無機物はどうでしょうか。

ここで、無機物である漆喰を例に挙げて説明させていただきます。

有機物のペンキは5年で劣化しますが、無機物の漆喰は塗って乾いたら終わりではなく、１００年間は硬度を増し続けます。１００年ほど経過すると石灰岩となり、千年以上の寿命を持ちます。そして、石灰岩となった漆喰は、強度や寿命だけでなく、環境に良い放射エネルギーを放出するようになります。

時間が経つほど強くなるというと不思議に思われるかもしれませんが、無機物のこうした特徴は、自然界の鉱物を見るとよく分かります。火山が爆発して流出した溶岩は、地球上の酸素に触れることで凝固し、年数の経過と共に硬化します。それも数千年、数億年の歳月を経て成熟していくのです。こうした現象は、数年で劣化する有機物とは、真逆であり成長している証なのです。

また、漆喰をはじめとする鉱石には多孔質なものが多く、調湿効果に優れていることも、住宅に使う素材としては大きな魅力だと思います。

機械に頼らなければ暮らせない家

大手メーカーが造りたいのは、「早く壊れる家」であり、そうなるように、有機物を使用した工業化製品を使用するということは、ご納得いただけたかと思います。

ただし、こうした資材のことは、私が説明しなくとも、経験上お気づきの方も多数おられたかと思います。しかし、実はもう一つ、早く壊れる家を造るために必要なことが行われているのです。また、そのもう一つには、なかなか気づきにくいことから、やりたい放題なのです。

そのもう一つとは、「機械を売りつけること」です。

なぜなら、機械は必ず壊れるからです。それも、最近では、経済的寿命なる計算がしてあり、10年以内には壊れるように作られているのです。それでも故障すれば直してもらえばいいと考えがちですが、法律で部品の保管年数は8年と決められていることから、部品の在庫がなくなり、修理もままなりません。となれば、機械を買い替えるしかありません。

ということは、10年ごとに設備機器を買い替えなければいけなくなり、〝買い替え奴隷〟となってしまうのです。

しかも、最近の機械はかなり高額です。100万円を超えるものも少なくはありません。実は、私自身にもこうした経験があり、2軒目の家を建てる際に、設計部から最新式のエコ給湯器なる物を提案されたのです。今でこそ30〜40万円ほどで設置できますが、当時は100万円を超えた値段が付いていました。

「そんなに高額な設備を入れて、どれくらいもつの？」と、担当に聞いてみると、答えは「分かりません」というものでした。そんなに不確実なものを使いたくないと、結局20万円の定価のガスボイラーを80％オフの4万円で購入しました。

かなり安価でしたが、15年以上経った今でもお湯をちゃんと沸かしていますし、メンテナンスしたこともありません。あの時、高額なエコ給湯器を担当者に提案されるまま設置していたら、今頃は、きっと3台目の機種となっていたに違いありません。もしくは、1台目の故障時に、安いボイラーに買い替えたかもしれませんが、簡単にボイラーに替えるといっても、機械代金だけでは済みません。当然、そこには設備工事のやり直しという大リフォームが待っています。どちらを選択したとしても、大きな金額がかかるのは間違いありません。

このように、機械さえ売れば業者側は数年ごとに高額な機械を売りつけるか、リフォームに持ち込むかという、どちらにしても永遠に金が儲かり、住まい手側は永遠に〝メンテナンス奴隷〟となるのです。自宅の建て替えで貴重な体験をしたことで、業界の分かりづらい罠を知ることができたのです。

また、私の家以外にも例を挙げるなら、オール電化住宅に騙された人は多いと思います。一時期、オール電化住宅は空気が綺麗またはエコ住宅だと、うまく電力会社がＣＭをしたことで、どんどん新築されました。

営業マンから「電気代の安い深夜電力を利用すれば、ランニングコストが下がります。初期投資は少し高いですが、10年でちゃんと元が取れ、11年目からは、かなりお得です」と説明され、数百万円もの高額な費用をかけてオール電化住宅を建てた方が多数おられると思います。

しかし、結局は機械ですから、10年後には機械に不具合が出て、また費用がかかりますし、今では深夜電力を廃止している地域も年々増加していることから、ランニングコストの削減どころか増加になってしまいます。

太陽光発電も同様です。家のエネルギーをまかなうことを考えれば１００万円を超える先行投資が必要になります。

大手メーカーはこの費用を正当化するために、多めの売電金額のシミュレーションを作成し、「最初にまとまった金額がかかりますが、このシミュレーションにあるように10年で元は取れます。それ以降は、かなりの利益となります。今なら補助金ももらえます」などと説明します。

ところが、実際に取り付けてみると、10年では元がとれないケースが多いのです。機械が故障し、その後の展開は前述の通りです。

全国の消費生活センターに戦後最大の苦情が寄せられたのは、太陽光発電にまつわるトラブルだったそうです。しかし、太陽光発電を扱うメーカーの権力なのか、そうした問題も報道されないことから、一般の方は知る術もなく、ブームは去ったといえどもいまだに太陽光パネルは売れ続けているのです。

省エネとは名ばかりの機械化住宅

機械を売ることで、永遠に仕事を確保するやり方はお分かりいただけたかと思いますが、今後は、それがさらに加速されることが予測されます。

それは、国が「長期優良住宅」以上に、機械化した「ZEH」（ゼッチ／ネット・ゼロ・エネルギー・ハウス）と呼ばれる省エネ住宅を推奨しているからです。屋根の上に太陽光発電パネルを載せ、蓄熱暖房器などを使い、エネルギーの自給自足を目指すというものですが、機械の力を借りなければ暮らしが成り立っていないのがよく分かります。

経済産業省がZEH支援事業として補助金を出しており、このことだけを聞くと、皆さんは「良い家だから支援するんだろう」と信じてしまいますが、実はそうではないのです。突き詰めていけば、経済産業省は経済が良くなればいいわけですから、高額な製品が売れて大手メーカーが儲かり、経済が動けば補助金を出す意味があるということです。

また、長い目で考えてみると、補助金をもらうことで痛い目に遭うことは間違いないかと思います。なぜなら、新築時に補助金は出ますが、10年後に機械が故障し、修理または買い替えをする時には補助金は出ません。
目先の補助金に惹かれてこの制度を利用すれば、永遠に機械の〝奴隷〟となってしまうのは否めない事実なのです。

私が思うに、日本の住宅業界はそもそもの考え方から間違っています。
日本の住宅は、断熱王国のドイツ等の欧米と比較して、断熱性能が大きく劣ります。

ドイツの家は、壁には厚さ20〜50センチ、床下には厚さ1メートルもある断熱材が入っていることから、ほんの少し暖房するだけで部屋がすぐに暖まります。
しかも、熱を逃さないように、床、壁、天井の断熱材自体が蓄熱するようにできています。このように、ドイツでは機械に頼るのではなく、家自体の断熱性能を最も大切にしているのです。

しかし、日本はプレハブのようなスカスカの建物にグラスウールのような性能の低い断熱材でも、太陽光、蓄熱暖房器、エコ給湯器等を取り付ければ省エネ住宅の認定を受け、税制優遇を受けられるのです。エネルギーを使わなければ住めない家なのにどこが省エネなのか、私には、到底理解できません。

また、その機械は短命な割には、高額なのです。ランニングコストと機械の設置コスト、その寿命を考慮してみれば、どれだけ消費者が損をするかは明白で、とてもエコなんて言葉を発することはできません。まさに、国家ぐるみのエコエコ詐欺なのです。

さらに、日本の省エネの考えには、もう一つ大きな間違いがあります。

その間違いとは、建物にかかる全体の光熱費を比較するのではなく「こちらの機械より今回の新製品のほうが、電気代が月々3千円も安いですよ。新製品はエコですよ」などと、機械だけの性能を比較していることです。そして、その機械の価格が、恐ろしく高額なのです。

こうしたことからも、資源を大切にするという考えではなく、目先をごまかして、短命で数年ごとに買い替えが必要な上に高額な機械を売ることが第一の目的としか思えません。

私だけでなく、誰もがドイツの家のほうが、本当の省エネ住宅だと言い切れるのではないでしょうか。

本当に良いものが評価されない「住宅性能表示制度」

大手メーカーは国をうまく利用し、自社の商品をさらによく見せるため、いろいろな制度を設けています。

私の記憶では、こうした国を利用する手法は、15年ほど前にできた「住宅性能表示制度」が最初かと思います。そして、その制度がうまくいったことで、年々、国や税金を利用する大手企業が増加しているように感じます。

「住宅性能表示制度」とは、国が定めた良い家の基準ですが、この制度もまた前述したように、住まい手には何の得にもならない、大手が儲かるようにできたまさに大手寄りの制度なのです。

簡単に説明しますと、工業化製品のような機械で作った材料は品質が一定であることから性能が表示できます。性能が表示できれば良い材料であり、そうした材料を使用すれば良い家と判断されるのです。

逆に、大手が扱わない木や石という自然なものは二つとして同じものがないことから、品質がバラバラで性能を表示できないことで悪い材料であり、それらを使用すれば悪い家という評価を示した法律なのです。

また、材料だけでなく造り方でも差が出るのです。大手が手掛ける工場のラインで組み立てられるプレハブは、数値が一定であることから良い家であり、大手が得意としない職人の腕に頼る手造りの家は、数値が一定になりづらいことから悪い家となるのです。

さらに、それらを明確化するために、等級1～5のランク付けまでされています。もちろん、等級が高いものは、国に影響力のある大手メーカーの材料であり、家です。そして、一番低いのは、手造りで自然なものを使用している中小工務店の手掛ける家なのです。しかも、等級が高いものを売れやすくするために、等級が高い家を建てる人に補助金を出したり、住宅取得減税を増やしたり、住宅ローン金利を下げたりと、さまざまな優遇措置を講じたのです。

頭にくることに、こうした優遇に使われているのは我々の税金です。税金を大手に配っているようなものなのです。まさに、国に影響力のある大手企業を応援するためにできた制度なのです。

また、こうした制度は、国がらみであることから、マスコミも記事として取り上げやすく、多くの報道がされました。そのため、多くの方が「性能表示のある家が良い家だ」と飛びつき、一気に広まっていったのです。

優遇制度を利用される方は、国やマスコミの推奨した家を持つことができた上に、補助金、減税などの優遇を受けられたことで、得をしたと思っている方が多いようですが、残念ながら実際には大損をしているのです。

なぜなら、評価が高いことで多くの方が良い家だと勘違いし需要が増えたことで、当時坪30万円ほどの原価のものが80万円ほどで売られたのです。

このように、国とマスコミ、補助金を利用したことで、住宅文化の高い海外では相手にされないプレハブ住宅でも高級住宅となってしまったのです。

「長期優良住宅」の目的は、中小工務店潰し

「住宅性能表示制度」の発足から、大手メーカーに有利な流れは今も継続しており、最近では「長期優良住宅制度」が、その代表的なものです。

「長期優良住宅制度」とは、一般的な日本の住宅寿命が25年、リフォームまでは7年しかないことから、「海外の住宅並みに200年長持ちして、年数が経っても資産価値の下がらない家造りをしよう」と作られた法案で、認定されれば、税の優遇等が受けられたりします。これだけ見ると、長寿命の家を建てるために作られたようですが、実は、そうではありません。

そもそも、「長期優良住宅制度」が、なぜできたのかといえば、大手メーカーを潰さないためです。前述のように、新築住宅の着工件数は、著しく低下の一途をたどっています。

また、日本の住宅は工法、資材ともに住宅文化の高い海外で相手にされないことから輸出は期待できません。新築も建たない、輸出もできないとなれば、皆、共倒れになってしまうことから、大手メーカーが考えたのが、弱者である中小工務店に倒れてもらうというものでした。

全国の中小工務店の数は、約5万社もあります。数だけは、大手よりも遥かに多いのです。そのうちの何割かがなくなれば、着工件数が減少しても大手だけは生き残れるという算段なのです。

では、どのような方法で中小を潰すのかといえば、大手も中小も皆、同じ土俵に乗せるのです。

2020年からは「長期優良住宅」仕様以外は、基本的に建ててはいけなくなります。つまり、大手も中小も皆、同じ家を造れということです。

大手と同じ物しか建てられなければ、広告宣伝費の少ない中小の工務店に勝ち目はありません。このように大手メーカーは、自然淘汰のように工務店が減る制度を国と共に実行したのです。

また、この「長期優良住宅制度」には、中小工務店つぶし以外にもう一つ目的があります。

すでにお伝えしたことではありますが、リフォームを増やすという目的です。

リフォームを増やすには、早く劣化する工業化製品を使用することですが、「長期優良住宅制度」には、さらにリフォームを促進させる手法が、一般の方には気付かれないよう巧妙に仕組んであるのです。

どのような仕組みかというと、「長期優良住宅」の申請をして家を建てれば、履歴義務というものが発生します。

履歴義務とは、定期的に業者に点検をしてもらい、記録を残さなければいけないというものです。「点検記録があれば、中古住宅でも高く売れる」という大義を国は言いますが、劣化する工業化製品をいくら記録しても、価値が上がるはずはありません。実際のところ、点検の目的は、住宅の価値うんぬんよりもリフォームに持ち込むためなのです。

私も経験があるのですが、点検業務は、いとも簡単にリフォーム受注につながります。

住宅を建てた業者側は、どの箇所が何年で劣化するか分かっていることからその部分を重点的に脅すのです。例えば、「お宅の住宅ローンは、まだ4千万円ありますね。外壁は今にも雨漏り寸前です。内部の骨組みまで雨が侵入すれば大変なことになります。外壁だけのリフォームなら300万円で済みますが、骨組みとなると数千万円もかかるでしょう。最悪、建て替えとなれば4千万円の住宅ローンだけが残ってしまうことになります」と脅せば、不安になり、何の苦労もなく受注につながるのです。

また多くの方は、「うちの家は10年保証があるから、10年以内なら、外壁の補修なんかも無料だろう」と思われがちです。しかし、私に言わせれば保証とは名ばかりで、どこかが悪くなり補修を頼めば、必ずと言っていいほど費用は発生するのです。

さらに言えば、名ばかりの保証があることで、極端に高額なリフォーム費用が発生します。

なぜなら、他社でリフォームをすれば自然と保証が切れる契約になっていることから、住まい手側は保証が切れたら大変と、新築を受注した業者一社だけに見積もりを依頼することで、競争相手がなくなり高額となってしまうのです。

どれほど高額になるのかといえば、延床面積35坪ほどの家の屋根、壁のペンキの塗り替えの原価は、60～80万円ほどですが、単独での業者の見積もりは、300～500万円というのが相場なのです。これほど高い料金でも、その工事にかかる期間はたったの1週間ほどです。いかに暴利であるかが、お分かりいただけると思います。10年保証とは、他社との競合を避けるためにあるといっても過言ではないのです。「長期優良住宅制度」の履歴義務により、10年保証は、より業者有利となったことも付け加えておきます。

このように「長期優良住宅」も住まい手にとっては何のメリットもない制度なのですが、他の制度同様、一般的にはまだまだ飛びつく方のほうが多いのです。

ここに、大手の新築住宅メーカーが、いかにリフォームの売上が多いかを物語る証拠があります（次ページ参照）。

業界紙で発表された「住宅リフォーム売上ランキング」の記事ですが、上位を占める会社の名前は、皆さんがよくご存知の会社ばかりです。

会社の規模が大きいことから、リフォームの受注件数も、売上も大きいのは当たり前と思われるかもしれません。しかし、問題なのは、これらを依頼しているお施主様は、そのハウスメーカーで家を建てられたOBの方がほとんどなのです。

中には、OBの占める割合が95％という信じられないメーカーも存在します。

「住宅性能表示制度」で高い等級と認められた資材、工法を使い、長持ちするはずの「長期優良住宅」の基準を満たしていても、なぜかリフォームが発生して

●住宅リフォームのランキングで上位を占めるのは…

（1） 2017. 9. 26　リフォーム産業新聞　第1282号

2017年（平成29年）
9月26日
No.1282

リフォーム産業新聞
The Japan Journal of Remodeling

暮らしをよくする、専門メディア

積水ハウス、1335億円で3連覇

住宅リフォーム売上ランキング BEST 700 2017

RANKING

1 積水ハウスグループ　リフォーム売上高 1335.0億円
2 住友不動産グループ　リフォーム売上高 1200.0億円
3 大和ハウスグループ　リフォーム売上高 1055.0億円
4 積水化学工業グループ　リフォーム売上高 969.0億円
5 ミサワホームグループ　リフォーム売上高 665.0億円
6 住友林業グループ　リフォーム売上高 658.8億円
7 旭化成リフォーム　リフォーム売上高 561.0億円
8 パナホームグループ　リフォーム売上高 521.0億円
9 三井不動産グループ　リフォーム売上高 492.8億円
10 エディオン　リフォーム売上高 430.6億円

大和がトップ3に

HEADLINE
住宅リフォーム売上ランキング　1～43
大手10社ビジネスモデル解説　2
インタビュー　大和ハウスリフォーム　4
ナカヤマVSニッカ　8
激戦区大阪リポート　12
海外　米国ランキング　24
分析　「積水ハウス」　56

2017年9月に発行された『リフォーム産業新聞』で紹介された、住宅リフォームの売上ランキングは、ご覧の通り大手のハウスメーカーが名前を連ねています。新築住宅を建てながら、リフォームでも大きな売上があるというのは、それだけ、家が長持ちしないことの表れだと言えます。

出典：リフォーム産業新聞

しまう。このランキングには、大手メーカーが「早く壊れる家」を造り、リフォームで儲けるという、建築業界の現状がそのまま現れているのです。

何も知らないお施主様は、受注が多いほど、リフォームの専門性が高いと思われるかもしれませんが、元を辿れば、リフォームが必要になる家を新築しているのですから、その点もしっかりと見極めていただきたいと思うのです。

安さで引きつけて高く売る営業の常套手段

法律や補助金等の国を利用した手法以外にも気をつけなければいけないことがあります。それは、価格表示のからくりです。

住宅業界では、チラシやホームページまたは営業マンの言葉も、最初は実際にかかるコストよりも安く表示するというのが通例となっています。

しかし、この安い表示には、実は裏があります。実際には生活のできないほどいろいろなものが省いてあるのです。例えば、水道の外部工事、電気の引き込み工事、バルコニー、クローゼットなどなど、どこの家にも当たり前にあるものがなくてもお構いなしです。とにかく、まずは、安い価格表示をすることで、ユーザーを安心させ、気を引くことで営業に持ち込み、営業を進める上で徐々に値を釣り上げていくというやり方をしている業者がほとんどです。いきなり、生活ができる状態での価格表示をしている業者は稀なのです。


では、どのようにして金額を釣り上げていくのかと言えば、まずはお客様に良い印象を持ってもらうために徹底教育された営業マンが、その人柄を売り込みます。「この人なら大丈夫、この人に家を頼みたい」と思わせるのです。

あるアンケートによれば、業者を決定した理由として「営業マンの人柄」と答えた人が圧倒的に多かったそうです。

高い買いものですから信頼関係も大切だと思いますが、私は、この決め方には、感心しかねます。ハウスメーカーの場合、一人の営業マンの一つの展示場での平均在籍年数は2年ほどであり、2年ごとに違う地域に転勤することになります。つまり、同じ営業マンとずっと付き合えるわけではないのです。

家は、建てるまでの計画も大事ですが、住んだ後のフォローも大事です。良いアフターフォローは、その家を建てる時に携わった営業マンの協力なくしてはできないと言っても過言ではありません。

ところが、営業マンたちは、「私はあと少しで転勤します」などとは言いません。言わないどころか、一生面倒を見るくらいの営業トークも平気でする営業マンのほうが多いのです。とにかく、契約をつかむためには良い人で在り続けるのです。

そして、好感を持たせたら、後は契約に向けてまっしぐらです。

契約をするには、当然のことながら図面が必要です。そこで、図面にいち早く着手するために、「何枚描いても無料です」という手法を用いるのです。

私は、ここにも大きな違和感があります。図面を描くには役所調査などもあることから、金額にして10万円ほどのコストがかかります。10万円もかかるものをタダでというのはおかしな話です。中には、図面だけ描いて契約できない方もいるはずです。契約できなければ、図面にかかる費用は持ち出しです。しかし、そうした持ち出し費用まで計算づくなのです。

その費用は、巡り巡って、契約した方のコストにのっているのです。「無料です」とサービスできるほど、その業者の利益が大きいことが容易に想像できるというものです。

図面を依頼すると一般的には、図面と同時に紙切れ1枚の見積もりが出てきます。そして、営業マンの口から次のような決まり文句が発せられます。

「とりあえず、この概算金額で契約をしてください。うちの会社では、これ以上の詳細打合せは、契約をしていただかないとできない決まりとなっています。

もちろん、契約と言ってても手付金としてわずか100万円をいただくだけですから、家1軒の金額からすればそれほど大きな金額ではないですよね」と、さも業界の常識であるかのように平然と話をしてきます。

最終的にいくらになるかもわからないのに、契約をもちかけるのは、どう考えてもあり得ません。こんな馬鹿げたことがまかり通るのは、世の中広しと言えども住宅業界くらいではないでしょうか。

とはいえ、営業マンを信じ切ってしまったユーザーには、世の中の常識は通用しません。いとも簡単に営業マンの言いなりとなってしまうのです。

冷静に考えれば簡単に分かることですが、大手だから安心、または良い人柄の営業マンだから大丈夫というような先入観や価値観が、正しい判断力を鈍らせてしまうのです。

ちなみに、一般的な優良業者は、「無料」ではなく、図面を描くにもプラン契約と言って図面を描くだけの契約をし、10万円ほどの金額をいただくという、正直なビジネスをしているものです。

このやり方には、私も大賛成です。

図面を描くのには、前述したように10万円ほどの金額がかかることから、業者側が費用をいただくのは当然のことです。

また、このやり方は、業者側だけでなく住まい手側にも利点があります。注文住宅の打合せは、数十回にも及ぶことも珍しくありません。住まい手側にもかなりの労力、時間の負担がかかります。そうした労力があるからこそ、気に入ったプランが出来上がるのですが、そのプランに対して何の費用も払っていない場合は、所有権は業者側にあります。

もし、見積もりが高くて予算に合わずに契約できない場合は、そのプランの所有権は基本的に業者側にあるため、他社には持ち込めません。他社でやりたければ、また、一から打合せのやり直しです。しかし、プラン契約さえしてあれば所有権は住まい手側にあることから、そのままのプランで予算の合う他の業者と契約することもできるのです。

このように、住宅業界には、他の業界ではナンセンスなことが、平然と行われているのです。

真実を見極める目を持とう

ただ、住まい手にとって望ましくない家造りが横行してしまうのは、業者だけの問題ではないのです。

残念ながら、テレビＣＭや新聞広告の印象だけで安易に業者を選ぼうとするユーザーが多いというのも事実です。イメージキャラクターの芸能人を見て、「あの人が宣伝しているから、ちょっと行ってみよう」と関心を持ち、住宅展示場の大手ハウスメーカーへと足を運ぶのです。この時点で、まんまと国と企業の作戦に、ハマってしまったというわけです。

第二次世界大戦後、アメリカは日本国民に対して「3S政策」なるものを実施したと言われています。3Sとは、スクリーン（映画・画面）、スポーツ（プロスポーツ観戦）、セックス（性産業）のことで、これらを用いて大衆の政治への関心を他に向けさせようとしたというのです。

私から見れば、業者のテレビCMや新聞広告も、本質から目を逸らし、ユーザーの気持ちをコントロールする、3S政策と同じような作戦に思えます。

これらのCMや広告では、

その家は本当に長持ちする家なのか。

ランニングコストはかからないのか。

そして、人を健康にするのか。

という、本当に良い家を造るために知っておくべきことは何も語られていないのです。どれほど有名な人がキャラクターでも、美しいイメージ映像であっても、現実離れした世界では、本物の生活を語ることはできません。

本書を読んでくださった皆さんには、こうした業者のイメージ戦略や営業マンの巧妙な話術に踊らされず、正しい判断、賢い選択ができる目を養っていただきたいと思います。

第２章まとめ

なぜ、工業化製品の家を“国が認めた”のか

● 大手メーカー主導の業界の構図

・大手メーカーは国土交通省の官僚の天下り先！
・業界の先細り感から、リフォーム需要を伸ばしたい。
・高額な機械を売り、買い替えの度に儲けたい。
（オール電化、省エネ住宅の嘘）。

● 国も大手メーカーを支援

・大手メーカーありきの「住宅性能表示制度」。
→評価されるのは、品質が一定な工業化製品。
→自然素材や職人の技術は、評価されない。
・「長期優良住宅」の優遇措置で、中小工務店潰し。
→縮小する市場で生き残り、リフォーム客も獲得しようとしている。

● 価格と話術でメーカー有利な契約に持ち込む

・最低価格を表示して、あとから値段を釣り上げる。
・営業マンの人柄を信頼させ、契約をつかむ。
・設計図面を無料にして、すぐに手付金を出させる。

大手メーカーは、「早く壊れる家」を造り、
リフォームで儲けたい！

機械に頼る家を造ると、
その先には、高額な機器の買い替えが待っている！

国の制度や優遇措置でユーザーを獲得し、
営業トークで高い買い物をさせている

ハウスメーカーへの質問例

“魔法の言葉” に惑わされないための、チェック問答例

Q 海外の住宅では、外壁リフォームなんて聞いたことがないけど？

A

「海外は、日本とは湿度が違いますから」などと、気候などを理由に挙げ、材質の特徴が言えないハウスメーカーには要注意。

日本の住宅に外壁リフォームが必要なのは、窯業系サイディングやペンキのような工業化製品を使っているからです。接着剤（アクリル）を含有した有機物は劣化が早く、そのために、わずか数年でリフォームが必要になるのです。一方、海外の住宅では、石や煉瓦などの自然素材（無機物）を使っているため、長持ちします。このような違いがあるのは、ヨーロッパでは家を文化として捉えているのに対し、日本では産業として捉えているからです。早く劣化する材料を使い、リフォームで儲ける。気候の問題などの後ろには、お金儲けを優先する業界の魂胆が隠されています。

Q ZEHは本当に省エネなの？

A

「太陽光発電や蓄熱装置を使い、エネルギーを自給自足しますから、環境にやさしいし、経済的です」などと答えるハウスメーカーには要注意。

いったん機械に頼る家を建てれば、その後もずっと機械なしには暮らせません。機械はいずれ壊れます。高い初期投資をして導入しても、機械を買い替える際には、さらに莫大な金額がかかりますし、一般的な設備に変えようとすれば高額のリフォームが発生することになるのです。こうした家を選択することで、“買い替え奴隷” にならないよう、注意してください。

第3章

本当に良い家を造ろう

世の中にはびこる、ニセモノの健康住宅

第1章でお伝えしたとおり、〝国が認めた〟工業化製品の資材や工法では、本当に良い家は建てられないことは、私の経験談からもお分かりいただけたかと思います。本当に良い家とは、工業化製品ではなく、自然素材を使った手造りの家です。

ところが、ここでさらに問題です。

自然素材や無添加をうたう家であっても、良い家とは限らないのです。

昨今の健康ブーム、自然なもの、無添加なものに注目が集まるのは、住宅業界も例外ではありません。

「無添加」「自然素材」「天然素材」といったキャッチフレーズの家は、星の数ほど存在しますが、その家が本物の健康住宅とは限りません。健康とうたえば、健康ブームだから高く売れるという業者側の都合だけで、そこには、根拠も何もないのです。こうしたブームに便乗し、健康になるかどうかの証明もできないのに、己の利益のために売ろうという姿勢は、〝国が認めた〟とお施主様をごまかして家を売る方法と何ら変わりはありません。

後ほど詳しくご紹介させていただきますが、私は今現在、「0宣言の家」というこだわりの家を造っています。

「0宣言の家」は、お施主様の不利益になるものを限りなく排除した家。〝1ミリも嘘のない家〟を建てようという思いから命名されたものです。

「嘘がないというけれど、『0宣言の家』が本当に良いという証拠はあるの？」と言う方もいるかもしれません。しかし、その証拠の有無が「0宣言の家」と他の健康住宅との大きな違いでもあります。

「0宣言の家」には、大学等の第三者機関の調査で、日本で唯一健康になるとの実証に基づいたエビデンス（根拠）があるのです。また、そうしたエビデンスが取得できたのも、多くの医師や大学教授が加盟する「住医学研究会」という組織で、健康と住居の関連性について専門的な視点から日夜研究がなされた賜物なのです。何の研究もしていない健康住宅とは、根本的に違いがあるのです。

本章ではまず、ただ売れれば良いという、一般的な健康住宅の問題点を指摘させていただきます。

健康被害が気になる珪藻土

最初に、健康住宅には不可欠な内装の塗壁についてです。

内装の塗壁で一番多いのが珪藻土です。

なぜなら、塗壁材の中でも材料費が比較的安価だからです。

しかし、第2章でも指摘しましたように、珪藻土には接着剤（アクリル）が3割から7割も含有されています。5〜7年もするとこの接着剤が酸化し、劣化します。さらに、劣化して壁から剥がれた珪藻土の細かい粒子は空気中を浮遊し、吸い込むと肺に刺さり肺がんになる危険性が高いのです。

劣化や、肺に刺さると言ってもピンとはこないかもしれませんが、実は多くの方がその現象を体験しています。スーツ等で壁に寄りかかった時に、白い粉が付いたことはないでしょうか。その状態が、まさしく接着剤の酸化であり、アスベストの健康問題と同じなのです。

また、アクリルを含んだ珪藻土は、数年すると酸化現象から黒いシミのようなカビが発生することがあります。こうした劣化を招く珪藻土は、寿命が短いことから短期間でのリフォームを必要とするのです。

実は、自然素材で建て替えた2軒目の私の家も、当初は珪藻土を使用しました。「珪藻土は自然素材だから大丈夫」との思いで内装の壁と天井の全てに使いましたが、結果として数年で、壁は傷だらけ、手垢だらけ、特によく触れるスイッチ周りは爪跡だらけ、壁にもたれかかれば白い粉塵が服に付くという有様で、新築からわずか8年で漆喰に塗り替えた苦い経験があるのです。

ただ、漆喰なら全て大丈夫なのかといえば、それもノーです。

なぜなら、ほとんどの漆喰には5%ほどのアクリルが含有されているからです。ほんの5%でもアクリルは劣化します。劣化すれば珪藻土と同様の現象が起こるのです。

ではなぜ、わざわざ早く劣化するアクリルを混ぜるのかといえば、施工性が良くなり、施工費を安価に抑えることができ、利益を得やすくなるからです。

また、アクリルが含有されると、劣化が早いだけでなく、表面にアクリル膜を張ることから調湿性能も劣ります。調湿性が悪くなれば体感も不快に感じるばかりでなく、消臭効果を損なうなど、性能にも支障をきたしてしまうのです。

ちなみに、一般的な健康住宅の外壁に多く利用されているのは、一見すると塗壁のように見えるアクリル系の吹付です。見た目は塗り壁でも材質はペンキです。ペンキでは水の侵入を完璧には防げず、資材の劣化が早いことは、第1章の説明ですでにご理解いただけたと思いますが、ペンキには他にもまだ問題がありま す。

まずは、ペンキに含まれるアクリルは、珪藻土と同じように数年で劣化し、粉を吹きます。しかも、ペンキは水に弱いだけではなく、太陽光の紫外線にも焼けやすく、色褪せして短命なのです。

さらに、調湿性能がないことから、ペンキと外壁の間に湿気が溜まり、数年で剥離します。古い建物で、ペンキが人の肌にできる水膨れのように、プクッと浮いている状態を見たことのある方は、多数おられると思います。あのような現象は、ペンキに調湿性能がないことから起きるのです。

見えない部分は不健康でもいい？

もう一つ、一般的な健康住宅の大きな問題点は、「見えない部分は何でもいい」という姿勢です。

例えば、フローリングに無垢板を採用している業者は結構あるものですが、押し入れやクローゼットの中、天井裏、フローリングの下地といった人の目が届きにくい場所にまで無垢板を使っている会社はほんの一握りです。みな当たり前のように合板を使っています。

なぜ合板を使うのかといえば、そのほうが安価な上に施工しやすいからです。
また、お客様自身も見えないところまでは、こだわらない方が多いことから、合板を当たり前のように使用するのだと思います。

そして、家の中に使われているドアの素材もほとんどが合板です。
一見すると無垢の一枚板に見えるドアも、表面だけに厚さ数ミリの無垢板を使い、中身は合板を張り合わせて作られています。

こうしたドアの張り合わせや住宅の内装には、大量のボンドが使用されています。そのボンドのほとんどが水性の木工用ボンドであり、アセトアルデヒド等の人体に悪影響を及ぼすＶＯＣを発生します。健康住宅とうたうのなら、見えない部分にも気を使うべきです。「０宣言の家」では、良い放射エネルギーを放出する「健康のり」を、ある大学の研究機関の指導の下、オリジナルの健康資材として開発し、全棟において使用しています。

さらに、一般的な健康住宅では、和室の畳にも大きな問題があります。ほとんどに健康に害を及ぼす材料が使用されているのです。

畳を軽くするために畳の中心部には、石油系でできた発砲スチロールが使用され、人体に有害なガスを放出しています。

また、畳の仕上がりに使用されるイ草も、ネオニコチノイド系の農薬が生産時に散布してあることから、畳に布団を敷いて寝れば直接毒を吸引しているようなもので、疾病の原因となります。和室での生活を好むお年寄りの方の喘息や認知症が多いのも納得いただけるかと思います。

「0宣言の家」に使用される畳は、九州で無農薬のイ草を生産する畳屋さんから直接購入することで、そうした問題は防いでいますが、ほとんどの建築会社は、どこでどのように生産されたのかは一切気にせず、コストだけで決めているのです。健康に問題がないように感じる和室の畳までもが、今や、シックハウスを引き起こしているのです。

イヤシロチは健康に問題を起こす

炭を床下や地面に埋設する「イヤシロチ」という方法も、健康住宅の代表のように考えられています。

実は、私の家の地面にも大量に埋炭されています。2軒目の家を建てた頃は、イヤシロチなるものが流行ったことで、何の根拠もなく大量に炭を地面に埋めたのです。埋めたことによって何か問題が出たのかといえば、途中から入れれば分かるかもしれませんが、新築時から入っていたことで、正直、良いも悪いも分かりませんでした。

しかし、その後、放射エネルギーの勉強をするようになり、人体に悪いということが分かったのです。もちろん、炭は多孔質のため、調湿もしますし、料理をする時に用いれば遠赤外線効果から食材は美味しくなりますが、中国の陰陽道でいうところの極陰のため人体には悪い影響を与えるのです。

それが実際にどのような結果を招くのかといえば、人の体温を奪うのです。

私自身も2軒目の家に入居前は、平熱が36・5℃だったのですが、入居した半年ほどで36・2℃に下がってしまったのです。

また、埋炭の家に住んでおられる方を調査したところ、やはり基礎体温が低い方が多数だったのです。しかも、極陰であることから、陰陽のバランスが崩れ、精神的に問題を起こす方も多いことが調査により分かったのです。


こうした人体への悪影響を知った私は、良いエネルギーにするためにさまざまな細工をしたのです。結果として悪い炭のエネルギーを上回ったことで、私の体にも変化が現れたのです。

その変化とは、著しく下がってしまった体温が、37℃にもなり、以前よりも高くなったことで、ここ10年近く風邪一つ引かないほど丈夫になりました。

こうしたことからも、炭を住まいに取り入れるのはタブーなのです。ただし、ホメオパシーのように、微量な炭を波動計算した上で埋設するのは、良いエネルギーとなることもあるのですが、一般的には、そうした計算ができるには、私のようにエネルギーの勉強をしないと難しいことから、あまりお勧めはできません。結論として埋炭は、しないのが賢明なのです。

間違ったシロアリ対策が招く深刻な事態

ニセモノの健康住宅の問題点として最後にご紹介するのは、床下に施されるシロアリ対策についてです。

日本の住宅のシロアリ対策は、住宅の床下（地面から1メートルまでの範囲）に防腐・防蟻剤を散布する方法が一般的で、その薬剤として有機リン系の農薬が使われてきました（有機リン系は、和歌山毒物カレー事件に使用されたものです）。

最近では、人に毒性の高い有機リン系農薬に代わり、タバコのニコチンと似た成分のネオニコチノイド系農薬が防腐・防蟻剤として使われることが多くなっています。一般的な健康住宅でも、シロアリ対策については、このネオニコチノイド系農薬を使っている場合がほとんどだと思います。

ネオニコチノイド系農薬には、昆虫の神経を興奮させ、最終的に死に至らせる作用があります。害虫駆除には効果的ですが、実は、害虫だけでなく益虫にも影響を及ぼすことが問題になっているのです。

全米50州のうち25以上の州で大量のミツバチが消えるという現象が起こり、その原因が農作物などにネオニコチノイド系農薬を多用したことだと話題になりました。ミツバチがネオニコチノイド系農薬に曝露《ばくろ》すると脳の神経が狂い、帰巣できなくなってしまうというのです。

農作物の受粉に欠かせないミツバチにダメージがあるということは、私たちの食生活にとっても深刻な問題です。

こうした現象はすでに世界各地に広がっており、ヨーロッパでは使用規制などの対策が広がりつつあります。特に農業大国フランスでは、近い将来ネオニコチノイド系農薬の使用が全面禁止になることも決まっています。

では日本はどうかというと、世界の動きとは正反対に、国内のネオニコチノイド系農薬の使用は今でも拡大しているというのが現状です。

そして、こうした発表からネオニコチノイド系農薬が人体に影響することも分かったのです。害虫駆除の濃度で人が死ぬことはないにしても、胎児や小児にはごく少量でもさまざまな影響を及ぼすと言われています。近頃キレる子どもが多いのも、このネオニコチノイド系農薬の多用と関係があると考えられています。

このように危険な薬剤を床下に散布するとは、なんとも恐ろしいことです。

さらに最悪なのは、「薬剤の有効期間は5年間」との保証期間を設け、5年ごとに無料で点検を行い、シロアリが存在しなくとも処理をしたほうがいいという営業を行うことで、危険な薬剤が5年ごとに繰り返し床下に散布されていることです。しかも、薬剤自体はとても安価なはずなのに、散布料金はなぜか非常に高額に設定されています

ちなみに、「0宣言の家」では、シロアリ駆除剤として、ホウ酸を使っています。人体に影響がなく安全で、しかもホウ酸は無機物であるため、その効果は半永久的に続くことから、5年ごとに駆除する必要はありません。

ただし、ホウ酸も全て良いわけではないのです。

「0宣言の家」で使っているのは、100％純粋な、ピュアホウ酸です。人体に悪影響のない不純物ゼロのホウ酸を使用しています。

最近では、ホウ酸を使う業者も増えましたが、その中身は、人体に害のある有

機系の薬剤にホウ酸を混入しているものを使用している場合がほとんどです。

なぜピュアホウ酸を使用しないかといえば、ピュアホウ酸は高額であり、有機系薬剤に混入したほうが、安価で利益を得やすいからです。人の健康を奪ってでも、自分の利益には執着するという姿勢は、いかがなものでしょうか。

三つのテーマを追究する「0宣言の家」

では、本物の健康住宅、本当に良い家とはどんな家なのでしょうか？

第1章で書かせていただいたように、以前の私は〝国が認めた〟資材や工法の家を建てていました。自分自身もそのような家に住んで苦労しましたし、たくさんのお施主様にも同じような思いをさせてしまいました。

しかし、こうした経験をしたからこそ本当に良い家には次の三つのテーマが大事だということに気づくことができたのです。

三つのテーマをもう一度おさらいさせていただくと、それは、

①長持ちして資産価値の落ちない家
②機械に頼らず、ランニングコストのかからない家
③調湿性があり、家族が健康に暮らせる家

というものです。

ここからは、「0宣言の家」がこれらのポイントを追究し、どのように進化してきたかをご紹介したいと思います。

そのことを語るには、まず、「0宣言の家」がどのような家かを簡単にお話ししなければなりません。

●住み手に不利益になるものは使わない「0宣言の家」

「0宣言の家」では、健康に害を及ぼしたり、長持ちしない建材は一切使いません。

以下のものを使用しないことを誓っています。

◎ 合板 ゼロ
◎ 集成材 ゼロ
◎ サイディング ゼロ
◎ グラスウール ゼロ
◎ ビニールクロス ゼロ
◎ 木工用ボンド ゼロ
◎ IHクッキングヒーター ゼロ
◎ 防虫畳 ゼロ
◎ 化粧合板ドア ゼロ
◎ 防虫防腐剤 ゼロ
◎ シロアリ駆除剤 ゼロ

これまでに出版してきた私の著書の中でも、繰り返しご紹介していますので、詳しい説明は省略させていただきますが、「住み手に不利益になるものは使わない家」であることが大きな特徴の一つです。

工業化製品の家で苦い経験をした私ですから、「0宣言の家」では工業化製品を極力使用しません。前ページに挙げた項目は、「0宣言の家」の基本であり、最低限のルールなのです。

四つの断熱特性を組み合わせた「クアトロ断熱」

また、資材へのこだわりと並び、「0宣言の家」の大きな特徴となっているのが、外壁と断熱を一体化させた、「クアトロ断熱工法」です。

クアトロとはイタリア語で四つを意味します。「断熱・遮熱・調湿・蓄熱」の四つの断熱性能を併せ持つ工法なのです。

一般的な家の断熱は、断熱材のみに頼りますが、「0宣言の家」の断熱では、内壁から外壁に使用する材料の全てを一つの断熱材として考えます。すなわち、壁全体が断熱材という発想なのです。

この考え方は、建物の中でも〝断熱の王様〟とも言われるログハウスを参考にしたものです。ログハウスは、一本の丸太のみで構成されています。日本で推奨されているような外壁通気等はありません。一本の丸太は、とてもシンプルなものですが、日光に当たっても熱を持ちにくく、熱の伝導率が低いことから断熱効果も高いのです。

しかも、自然素材で呼吸をすることから調湿効果も高く、重量が重いことから蓄熱というさまざまな断熱効果があるのです。

読者の皆さんも、きっとそうだと思いますが、読んだり、聞いたりするだけではなかなか本当の良さは分からないと思います。

●「クアトロ断熱」の構造

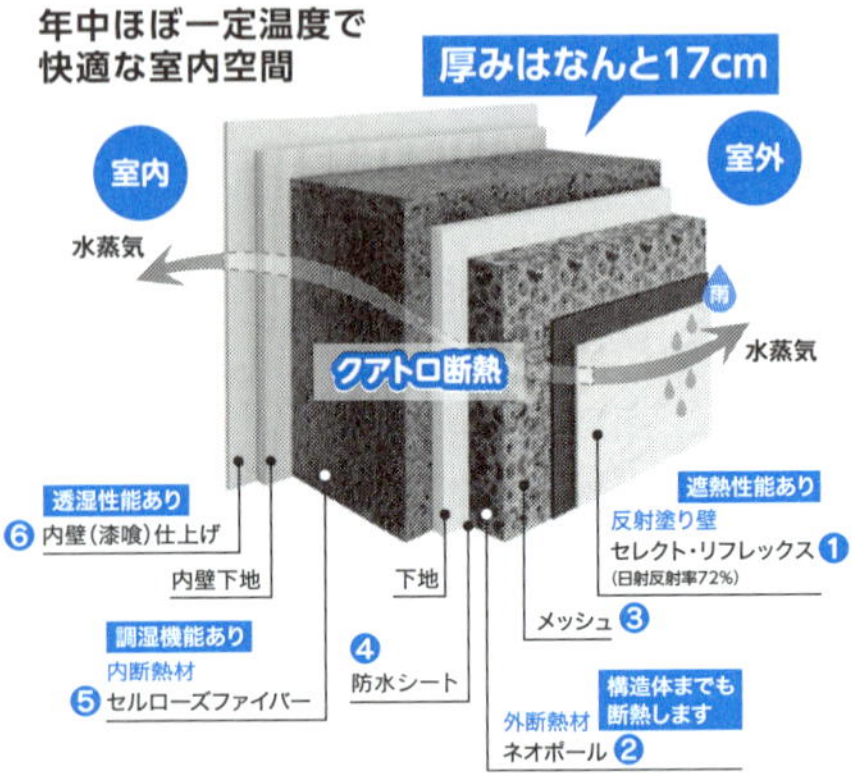

家の内壁から外壁まで、使用する全ての資材を一つの断熱材として捉え、「断熱・遮熱・調湿・蓄熱」の4つの性能を併せ持つ構造を実現した「クアトロ断熱」。住み手に不利益になるものゼロと同様、「0宣言の家」の誇る特徴です。

実際にログハウスを建てていた私でさえ、完成したログハウスに宿泊するまでは、周りが良いと言ってもピンとはきませんでした。というよりも、断熱材もない丸太だけの家は、逆に悪いのではとの思いでした。

しかし、そんな私の間違った思い込みが一変する出来事があったのです。

かれこれ30年ほど前のことですが、岐阜県のある豪雪地帯で建築したログハウスの完成パーティーに一泊で招待されたときのことです。招待されたのは2月であり、山の中に建てたログハウスの周りは一面銀世界で、朝の気温はマイナス5℃にもなる地域です。そんな悪条件の中、宿泊させていただきましたが、就寝時には暖房の使用は一切なかったのに、朝起きると前夜の薪ストーブの暖が残っていたことには驚きました。

当時の私の家は、この地域よりも断然暖かい地域にもかかわらず、布団から出るには覚悟を決めないといけないほど辛かったのですが、ログハウスときたら暖房なしでも早朝から半袖で大丈夫だったのです。この時の、カルチャーショックは、今でも鮮明に記憶にあります。

また、夏に訪問した際も、エアコンなしでも何の暑さも感じなかったのです。私の家とは比較にならないほど断熱に優れている父の家よりも断然快適だったのです。こうした体験をした私は、土壁造りの家よりログハウスを参考にしたほうが、より断熱性能の高い家ができるとの思いから、一般住宅にログハウスの断熱の考え方を取り入れた「クアトロ断熱工法」を考案したのです。

ここからは、〝断熱の王様〟であるログハウスと同等以上の効果を発揮する「クアトロ断熱」について、順に説明させていただきます。

❶汚れない遮熱塗壁材「セレクト・リフレックス」

「0宣言の家」の外壁で、いちばん外側に使われているのが「セレクト・リフレックス」という遮熱塗壁材です。

一般的な外壁は真夏になると表面温度が、60℃まで温度が上昇しますが、「セレクト・リフレックス」は、太陽の熱を反射（日射反射率72％は驚異的！）して壁に熱を伝えないため、外壁の表面温度は30℃程度までしか上がりません。外壁が高熱にならなければ、室内との温度差も少なく、建材が収縮を繰り返す経年劣化の心配も少なくなります。

また、「セレクト・リフレックス」には、これ以外にもさまざまな長所があります。

材料に使われているライムストーンと呼ばれる鉱石には、日光に当たった時の紫外線焼けや色褪せに強いという性質があります。しかも、静電気が起きにくく、汚れもつきにくい上に、石自体がエネルギーの高い中性ということで、空気中にマイナスイオンを大量に発生させ、汚れ分子（プラスイオン）を空気中に分解する働きがあります。

そんな都合の良い石があるのかと思われるかもしれませんが、こうした働きは注意深く探してみると身の回りでも発見できます。地球の誕生以来、何億年、何十億年と時が経っても汚れていない鉱石はたくさんあります。自然の石の持つ力を上手に利用すれば、外壁を汚れから守る遮熱塗壁材を作り出すことも可能なのです。

さらに、「セレクト・リフレックス」は、着色をする場合でも鉱石の顔料を使います。通常のペンキでは有機物の染料を混ぜて色を出すことから、色褪せや汚れまたは結露による剥離という問題を起こしますが、鉱石は無機物であることから劣化しづらく効果を持続させることができます。

次に、「セレクト・リフレックス」は、耐久性、調湿性に優れていることも分かっています。その効果を生み出しているのが、主成分となるピュアアクリルです。「アクリルは有機物だから劣化するのでは？」と思われるかもしれませんが、使われているアクリルに違いがあるのです。

一般的なペンキなどに使われているアクリルは、コストを抑えるためにアクリル以外の成分が混ぜられています。不純物が含まれていると、アクリルの中の分子の振動が安定せず、劣化を早める原因になります。

一方、「セレクト・リフレックス」に使われているアクリルは純度１００％のアクリルです。そのため分子の振動が安定し、変化が起こりにくい。つまり、劣化しにくいのです。

また、有機物には表面に膜を張る性質がありますが、その膜にも純度の違いが現れます。不純物の混ざっているアクリルに張る膜には調湿性がなく、純度１００％のアクリルに張る膜は調湿性に優れていることから、壁とアクリルの間に結露が生じることがなく剥離という現象は起きません。

混じりけのないアクリルを使用し、耐久性、調湿性に優れた遮熱塗壁材は、日本では「セレクト・リフレックス」しかありません。成分にとことんこだわった結果、さまざまなメリットの得られる遮熱塗壁材が完成したのです。

しかし、本章の冒頭でお伝えしたように、資材の良し悪しは、一見だけでは分からないものです。最近は、外壁・内壁でさまざまなテクスチャーが手軽に出せる「ジョリパッド」という商品が人気のようですが、使われているアクリルは、100%ピュアではありませんし、顔料も鉱物ではなく有機物です。時間の経過とともにどのような違いが出てくるか、その答えは明らかではないでしょうか。

❷ 柔軟な外断熱材「ネオポール（EPSボード）」

続いて外断熱材についてです。

「0宣言の家」では、「ネオポール」というドイツ生まれの高断熱材EPS（ビー

●驚くほど柔軟性の高い「ネオポール」

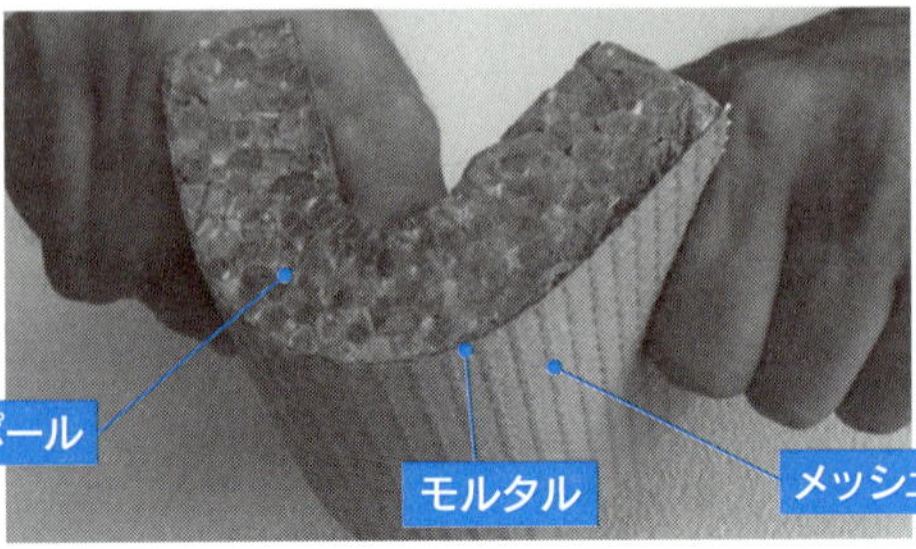

「O宣言の家」が下地材兼外断熱用パネルとして採用しているEPSボード「ネオポール」は、一般的なボードより断熱効果が高く、しかも軽量。そして、折り曲げても切れたり、割れたりしない、驚異的な柔軟性が魅力の資材です。

ズ法ポリスチレンフォーム）ボードを下地材兼外断熱用パネルとして使用しています。ボード自体にカーボン材を注入しているため、他社製品と比較すると、同じ厚みでも4割強の断熱効果を発揮します。

また、軽量であることもEPSボードの特徴の一つです。ボードが軽いとサイディングのように家に負担をかけることもなく、耐震性が高いのも特徴です。

さらに、EPSボードには、驚くほど柔軟性が高いという特徴もあります。

折り曲げに強く、両手で思い切り二つ折りにしてもボードが切れたり、割れたりすることがありません。これにより家のデザインの幅が広がるのはもちろん、地震などの揺れにも柔軟に耐えてくれるのです。

ちなみに、このEPSボードは、原料ビーズの発泡にフロンガスを使わず、水発泡してあることから毒性がなく、フロンガスが発生しません。人にも地球にもやさしいことも、この素材の長所の一つです。

一般的にこうしたボードは保温性が高いことからシロアリに食べられやすいという欠点がありますが、特殊なホウ酸を注入することで防蟻ボードとなり、そうした問題も解消済みなのです。

特殊なホウ酸については、この後の内断熱材「インサイドPC」の項目でご説明させていただきます。

❸特殊なネット「メッシュ」で外壁を一体化

144ページのイラストにもありますが、遮熱塗壁材「セレクト・リフレックス」と外断熱材「ネオポール」の間には、特殊な「メッシュ」が挟んでありま す。「ネオポール」の上にメッシュをかぶせ、その上にモルタルを塗り、さらに「セレクト・リフレックス」を上塗りし、これらを一体化するのです。

ちなみに、ネットは繊維であることから強アルカリのモルタルに溶けてしまうため、耐アルカリ処理を施します。そのアルカリ処理方法が、一般のネットと「クアトロ断熱」に使用されるネットでは大きな違いがあるのです。

一般的なネットの場合、ネットを網目状に編んだ後に処理をします。一方、クアトロ断熱に使用されるネットは、メッシュ状に編む前の糸に耐アルカリ処理を施します。前者の場合は、縦糸と横糸が重なり合った網目部分には処理剤が行き届かず、結局数年でモルタルに溶けてしまうのですが、後者は、全てに処理がされていることから、半永久的な効果があるのです。

●特殊加工を施したネット「メッシュ」の構造

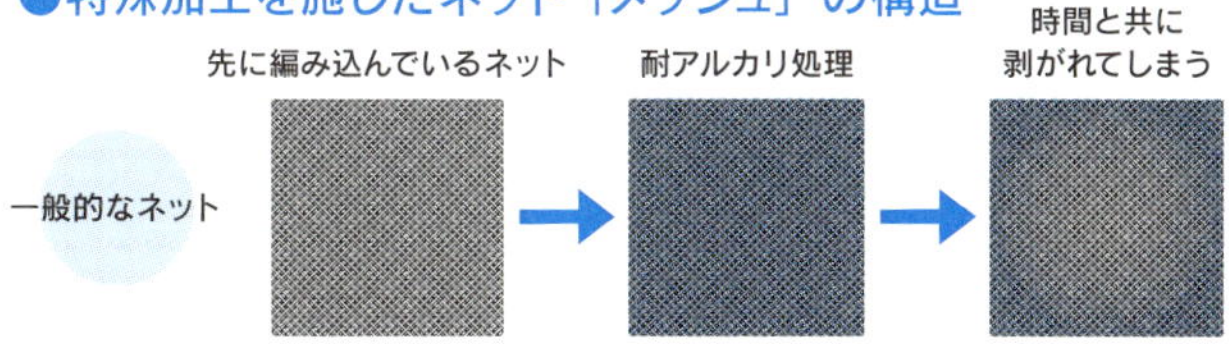

繊維の重なった網目部分に処理剤が届かず、劣化してしまいます。

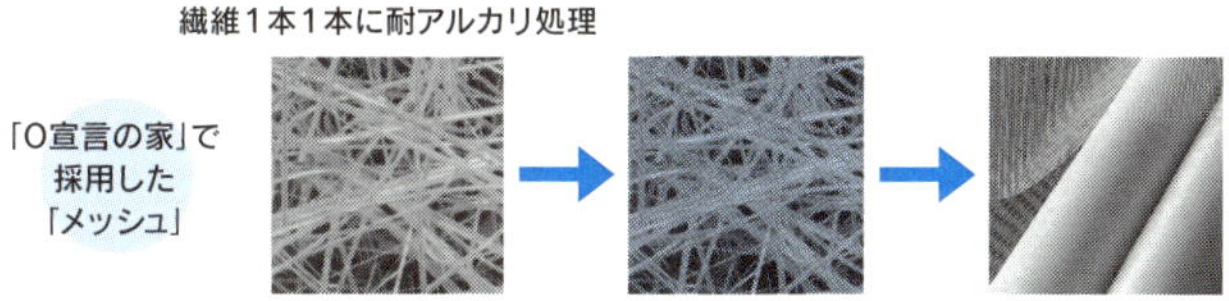

繊維の重なった網目部分まで全てに処理剤が行き届き、
経年劣化が起きません。

見た目では分かりませんが、「0宣言の家」は、十分な強度のネットで家全体がしっかりと包み込まれているのです。

❹呼吸する防水シート

「ネオポール」の内側には、内断熱材との間に防水シートが挟み込まれています。この防水シートも優れもので、防風・防水・透湿でその性能を発揮します。つまり、風が吹いても風は通さない、雨が降っても水は通さない。しかし、水蒸気は通す、呼吸をするという、透湿性のあるシートなのです。

また、一般的な防水シートの表面はツルツルですが、私たちの使っているシートは、あえてシワが寄せられています。表面を波打たせることで、万が一シート上で結露しても、シワの溝を伝って水分が外に排出されるため、壁内に溜まることがありません。

❺壁内結露を起こさない内断熱材「インサイドPC」

続いて内断熱材についてです。

「0宣言の家」で使用しているのは、セルローズファイバーという原料を使ったアメリカの「インサイドＰＣ」という内断熱材です。以前の著書でも詳しく紹介していますが、とても優れた断熱材です。

また、断熱性能が優れているのはもちろんですが、材質が紙繊維なので湿気を吸ったり吐いたりと調湿効果を発揮してくれるのも、この断熱材の良いところです。そのため、グラスウールのように壁内結露を起こしにくいのです。

セルローズファイバーは、元々はアメリカで考案され現在では、日本でも多くのメーカーが製造するようになりました。一見すればどれも同じに見えるのですが「0宣言の家」では、「インサイドＰＣ」という世界で唯一、健康面での安全性が証明された物しか使用しません。

実は、私も「セルローズファイバーなら、どれも同じだ」と思っていた時期がありました。実際に「インサイドＰＣ」以外の他社製品を試してみたこともあります。しかし、他社製品を使い始めてみて、それらが全く違うものであることに気づかされました。

他社製品を使うまでは「アトピーが治った」というお声をよくいただいていたのに、他社製品にしてからは、そういう声が聞こえてこなくなったのです。

その時は、なぜそうなったのか分からなかったのですが、いろいろ調べてみると、原因はホウ酸の種類にあったのです。

セルローズファイバーは材質が紙であるため、延焼・カビ・害虫などの対策としてホウ酸処理が施されています。ホウ酸の種類は1万以上あると言われますが、こうした処理に使われるのは、ほとんどが安価な毒性の強いものです。

また、ホウ酸の代わりにホウ砂が用いられる場合もあります。ホウ砂は、ホウ酸と同様にホウ素の化合物ですが毒性が強いと言われています。この毒性の強いホウ砂で悲しい事件も起きています。

実は、かつて世界的な大ブームとなったゴム系のおもちゃにも、このホウ砂が含まれていたのです。子どもたちは、そのドロドロとした物体を手でこねて遊び、不意に口に入れたことで亡くなってしまったという事例が、世界中で多く報告されています。

そうした危険なホウ酸やホウ砂が、日本製のセルローズファイバーのほとんどに含有されているとのことでした。

「0宣言の家」では、このような毒性の強いホウ酸やホウ砂を使用しないだけ

●セルローズファイバー性能証明書

HAMILTON MANUFACTURING, INC.
901 Russet St., Twin Falls, ID 83301 U.S.A.
Tel : 208-733-9689 Fax : 208-733-9447
www.hmi-mfg.com

We've Got You Covered

CERTIFICATE OF COMPLIANCE
（ 性 能 証 明 書 ）

R & D Services, Inc.

分類：セルロースファイバー断熱材
Thermolok Incide
参照ファイル：RDS-LF9298

この製品はセルロースファイバー断熱材の難燃性及び腐食性に対するCPSC(修正)標準試験に準ずる

CPSC 標準試験　HH-I-515E; 16CFR 1209

ASTM C739-00に適合

クラス１建材

ASTM C739の以下の特性に従って分類される

燃焼特性

放射束	> 0.12 watts/cm2
くすぶり燃焼	< 15.0%

環境特性

腐食性	合格品質水準
耐菌性	合格品質水準

物理特性

密度（定着）	1.6lb/ft3 (25.6kg/cm3)
熱抵抗値	3.7R/in. (at 4 in.)(2.59㎡k/w 厚100mm)
水蒸気収着性	合格品質水準
臭気排出	合格品質水準

物理特性（壁面施工）

密度（定着）	3.0lb/ft3 (48.0kg/cm3)
熱抵抗値	3.8R/in. (at 3.5 in.) (2.63㎡k/w厚100mm)

HAMILTON MANUFACTURING, INC.
Plant location: 901 Russet St., Twin Falls, ID USA 83301
208&733&9689 · Fax 208&733&9447 · www.hmi&mfg.com

We've Got You Covered

品 質 証 明 書

Thermolok IncideÒセルロースファイバー断熱材は、リサイクルペーパを使用して製造されています。製造工程は断熱材用セルーロースファイバー製造を目的とし、緻密且つ的確になされています。　このセルロースファイバーは半永久的な耐火性を持たせるためにホウ酸による化学的な処方が施されています。　処方されるホウ酸は無毒で、普通風に対して刺激を与えることはなく、しかしながら害虫や昆虫は寄せ付けず、また建材には何の影響も与えません。 Thermolok IncideÒのホウ酸含有率は重量比23～25%で、使用されるホウ酸は安全性が高くまた防虫性能に優れたBoron&10のみを使用しており、ホウ砂などの他のホウ酸系薬品は使用しておりません。 Thermolok IncideÒ セルロースファイバー断熱材は、環境に優しい製品であり、米国環境保護庁（Environmental Protection Agency、EPA）にも登録されています。

Thermolok IncideÒセルロースファイバー断熱材は、以下の米国建築基準法や関係省庁の基準に準ずる、あるいはそれをはるかに満たす製品として認められています: EPA, CABO, ICBO, BOCA, SBCCI 及び MEC. Thermolok IncidesÒ セルロースファイバー断熱材のEPA識別番号は44257&4&650号、ICBO 識別番号は ESR&2875です。

試験データ:

試験内容	テスト規格	結果
密度（長期定着後）	ASTM C 739	1.6 lb/ft³ (25.6 kg/cm³)
断熱性	ASTM C 518, ASTM C 739	3.75 R&value/in(2.59㎡k/w ：厚100mm)
放射束	ASTM E 970	> 0.12 watts/㎠
火炎拡散	ASTM E 84	< 25

Thermolok IncideÒセルロースファイバー断熱材はまた、以下の基準にも準じています
臭気排出　半永久的耐火性　吸湿性
防カビ性　耐くすぶり性　腐食性
急性毒性試験　EPA 登録項目
Thermolok IncideÒ セルロースファイバー断熱材は信頼のある第三機関Underwriter's Laboratories (UL) R 8296及び、R&D Services Inc (R&D) RDS&LF929によって試験を受けています。

Christy Hamilton Eames　　Date
CEO

EPA: 米国環境保護庁 (Environmental Protection Agency)
CABO 建築関係機関評議会(Council of American Building Officials)
ICBO:建築役員国際会議(The International Conference of Building Officials)
BOCA 建築役員基準管理会(The Building Officials and Code Administrators)
SBCCI 米国南東部建築基準国際議会(The Southern Building Code Congress International)
MEC:モデルエネルギー基準(The Model Energy Code)

「0宣言の家」で採用しているセルローズファイバー断熱材の性能が、米国の安全規格、米国建築基準法や関係各省庁の基準に準ずるものであることが証明されています。

でなく、人体に良い影響を及ぼすと、アメリカの保険機関の証明のあるホウ酸を使用した「インサイドＰＣ」という商品のみを採用しているのです。

「インサイドＰＣ」は、ホウ酸以外にも日本製と比較して優れている点があります。その違いとは、原料となる新聞紙にあるのです。

「インサイドＰＣ」はアメリカで生産されていることから、当然ながらアメリカの新聞紙を原料としています。アメリカの新聞紙のインクは原料が大豆であり毒性はありません。それに対して、日本の新聞のインクには劇薬が使われています。直接口にするものではないにしても、放射エネルギーとなり人体に悪影響を与える可能性は大です。こうした違いからも真の健康住宅である「０宣言の家」には、「インサイドＰＣ」以外のものを使うことは考えられないのです。

補足ですが、セルローズファイバーは万能だとの考えから、間違った使い方をしている業者が多く存在します。

セルローズファイバーには、断熱、調湿、蓄熱という特徴がありますが、断熱に関しては、20センチ以上の厚みがないと効果はそれほど期待できません。しかし、ほとんどが、10センチほどの厚みです。

また、サイディングのように熱を持つ素材との組み合わせも多いのですが、そうした組み合わせは、セルローズファイバーが蓄熱をすることから、夏の夜などは蓄熱をした壁から放出される熱で熱帯夜となることは間違いないかと思います。

セルローズファイバーを一般の壁厚（10・5センチ）で用いる場合は、「クアトロ断熱」のように、何か他の断熱との併用がないと、前述のように断熱どころか加熱となってしまうのです。

しかし、こうした材料の特性も知らない業者の造る家が、数多く存在するのも紛れもない事実なのです。

❻透湿効果を発揮する漆喰

「クアトロ断熱」の締めくくりは内装材についてです。

「0宣言の家」では、第1章でお話ししたような安価で粗悪なビニールクロスなどを使うのではなく、調湿性能のある「モルセムダー」という漆喰を使用しています。

「モルセムダー」は、100%無機のピュアな漆喰です。珪藻土などに含有されている有機系のアクリルは、一切、含まれていません。しかも、この漆喰はとても良質な土壌から抽出されるため、漆喰に精製されてからも良い効果を発揮します。

その効果は、汚れにも強く、ひび割れもなく爪跡もつかないという優れものなのです。また、汚れないばかりか自浄作用までもっています。誤ってコーヒーをこぼしてシミができた場合でも、数カ月後には、汚れが空気中に分解され、シミが消えてしまうのです。また、第2章でもご紹介しましたが、そうした効果は年々成長しているのです。こうした成長があるのも、漆喰は１００年という長い年月をかけて石灰岩となることから日々強度を増し成長しているからなのです。

さらに、「モルセムダー」を一般的な漆喰（以前使用していた漆喰）と比較すると、冬は平均２％ほど湿度が高くなり、夏は反対に３％ほど湿度が低いことが判明しました。これは、一般的な漆喰より多孔であり、透湿効果に優れていることから起きる現象なのです。また、多孔であることで防臭効果が高いということも付け加えておきます。

このように、こだわりぬいた資材の組み合せから出来上がった「クアトロ断熱」は、調湿効果がありながらも、壁一体が断熱となっていることから、実は高気密なのです。そのレベルはかなり高基準であり、C値は、なんと0・6という数値を記録したほどです．C値は、数字が小さいほど高気密であることを示していま す。一般的な住宅の数値は10～20といわれていますから、「クアトロ断熱」の気密性がどれほど優れたものかはお分かりいただけると思います。
呼吸する高気密な家こそが、真の健康断熱住宅なのです。

生命を軽んじる心ない人たち

少し話が横道に逸れますが、住まい手の生命にも関わる重要なことなので、ここで書かせていただきます。

「0宣言の家」の防火認定に関することです。

前述のEPSボードやセルローズファイバーは、その材料だけを見ると燃えると思われるのが一般的です。もちろん、私たちが使用しているものはきちんと防火・耐火対策を施してありますし、その性能は一般的な建材よりも優れているという自信があります。その証明をするために数千万円の費用をかけて国の防火認定も取得しています。防火認定がないものは、一般的に市街化区域では家を建てることができませんから、こうした手続きを踏むのは、とても重要なことです。

現在、セルローズファイバー、ＥＰＳボード、無機質な塗壁の組み合わせで防火認定を取得できているのは「０宣言の家」だけです。

ところが、日本中の至るところで、「０宣言の家」と同様の工法の家が無数に建てられるという怪現象が起きています。

この怪現象の原因は「０宣言の家」の認定番号だけを無断で使用し、安価な低レベルの資材で建てている業者の存在です。まさに、法律違反であり、住まい手に対しても裏切り行為です。

また、たとえ防火認定の必要のない市街化区域外の田舎の一軒家であったとしても、防火認定のない資材を使用することは、人命に関わることであり、とても褒められた行為ではありません。

目先の利益のために嘘をつく心ない人たちには本当に腹が立ちますが、残念ながらこうした案件は後を絶ちません。

また、このような嘘は防火認定だけではありません。「0宣言の家」の建材や工法をなんとなく真似て、「0宣言と同じ仕様です」「本物の健康住宅です」と販売している業者も多数存在します。

悪質なケースになると、我々の会に入会して「0宣言の家」仕様の展示場を造り、やり方を覚えたら即脱会。しかし、展示場はそのまま使用し、ユーザーには「0宣言の家」を体感してもらい、実際に建てる家は、安価な類似商品で建てるという業者が全国各地に存在します。

しかし、うわべだけを真似ても絶対に本物にはなれません。

「0宣言の家」のように、とことんこだわった究極の健康住宅を造ることは不可能なのです。

「『0宣言の家』と同じです」などという、別の名前の健康住宅は決して存在しません。「私の家はどうなの？」と気になる方は住医学研究会事務局（0120－201－239 ※受付時間：平日9時～17時）までお問い合わせくだされば幸いです。

進化を続ける「0宣言の家」

ニセモノはどこまで行ってもニセモノで先はありませんが、「0宣言の家」は、つねに最高を求めて進化をしています。

私は岐阜県に住んでいますが、自宅のある地域は盆地のため、寒い冬の明け方は氷点下になり、雪は少ないことから乾燥により底冷えします。また、夏は夜7時くらいでも35℃くらいと、かなりの高温です。

しかし「0宣言の家」の仕様に変えてからは、暖房器具を使わなくても冬の早朝でも室内の気温が16℃を下回ったことがなく、夏の夜でも冷房器具を使わなくても室温は28℃以上にはなりません。

しかも、蒸し暑い夏、屋外の湿度が80％の時でも室内は60％以下。乾燥する冬でも40％強はあります。体感温度と湿度の関係は第1章でもご紹介したとおりです。

このような住環境を実現するために、「0宣言の家」は、「ダブル断熱」から「トリプル断熱」、そして「クアトロ断熱」へと進化してきたのです。

特に、「クアトロ断熱」の技術進化は、目をみはるものがあります。

というのも、私が「ダブル断熱」を開発したのは、今から20年以上前のことで、その時と今とでは夏の暑さは、より厳しくなっていることから、夏の暑さに対してさらなる対策が必要になったのです。

単純に考えれば、壁の厚みを今以上に厚くすれば断熱性能は高まります。

「ドイツみたいに壁厚を20センチとか50センチ、いや、極端に言えば1メートルにしたら」と、「0宣言の家」を造る仲間に進言したのですが、誰一人として実行に移してくれませんでした。なぜなら、壁を厚くすれば建築コストが高くなりますし、居住スペースも狭くなるので、ベストな方法ではないからです。

しかし、だからといって断熱対策を絶対に諦めたくなかった私は、世界中の建築様式から工法、その地域の気候などを調べに調べ尽くし、アメリカのミネソタ州に興味を持ち、その地を訪れたのです。

なぜ、その場所が目に止まったのかというと、まず、ミネソタはアメリカということもあり、住宅の構造は2×4で、壁の厚みが9センチにも満たないのです。これは、日本の在来工法の一番細い柱よりも、さらに15ミリほど薄いのです。

そして、使われている断熱材は、グラスウールというお粗末なものです。ここだけをみれば、建築レベルの低い日本にもないほど粗悪なものです。

では、ミネソタの気候が良いのかといえば、砂漠であるミネソタは、夏の昼間は外気温が40℃以上にもなるという過酷な環境です。考えれば考えるほど、謎ばかりです。

そこで私は、この謎を解くためにアメリカの友人を頼り、ミネソタの地を訪れたのです。

私が訪れたのは8月で、最も気温が高い時期でした。その時も、外気温が40℃強の猛暑でしたが、家の中に入ると微風のエアコンがついているだけで、なぜか涼しかったのです。

不思議に思い質問してみると、答えは遮熱でした。

外壁に遮熱塗料が塗ってあることで、太陽光を反射し、外壁が熱を持たないとのことでした。

お恥ずかしい話ですが、それまでの私は遮熱という言葉は知っていても、それほど重要なものではないだろうという認識だったのですが、この地を訪れたことで、断熱にとって遮熱は一番重要なことに違いないとの認識に変わったのです。

しかし、遮熱塗料と言っても、所詮はペンキです。

塗壁と比べると、寿命も見た目も調湿も全てにおいて劣ります。

そこで私は、塗料ではなく塗壁材を探しました。そして、現地で遮熱効果のある塗壁材を見つけたのです。

その成分をオリジナルで調合し、完成させたものが、現在「クアトロ断熱」に使用している世界で唯一の熱反射率72％を誇る「セレクト・リフレックス」なのです。

この遮熱塗り壁材を自宅の壁で試したところ、以前は夏になると外壁の表面温度が60℃くらいまで上昇していたのに対し、同様の条件でも30℃前後で維持できるようになりました。今では、遮熱のない外壁は、家ではないとまで言い切れるほど遮熱信者となったほどです。

地球環境が変われば家も変わります。

「0宣言の家」は冒頭の三つのテーマを追究し、つねに進化を続けているのです。「他社より優れているから、これで十分」などという考え方は、微塵もないのです。

家の断熱効果を上げる工夫

ここまで「クアトロ断熱」のことをお話ししてきましたが、「0宣言の家」では、「クアトロ断熱」以外にも、家の断熱効果を上げる工夫をしています。

大きな部分でいえば、まずは、屋根の断熱です。

夏、太陽の熱で屋根の瓦などが温められると、屋根裏の空気も温まり、それが屋根の断熱材から輻射熱として屋根裏に、そして室内へと伝わってしまいます。

そこで「0宣言の家」では、屋根に「ヒートバリアー」というアルミ製の遮熱シートを使っています。NASAの宇宙服にも使われているもので、わずか0・17ミリという極薄な素材でありながら、太陽の放射熱を97％反射します。素材自体の劣化がなく、柔軟性・耐水性にも優れているという長所もあります。

そして、「0宣言の家」では、この遮熱シートを、「クアトロ断熱」で使用して

●遮熱シート「ヒートバリアー」の性能

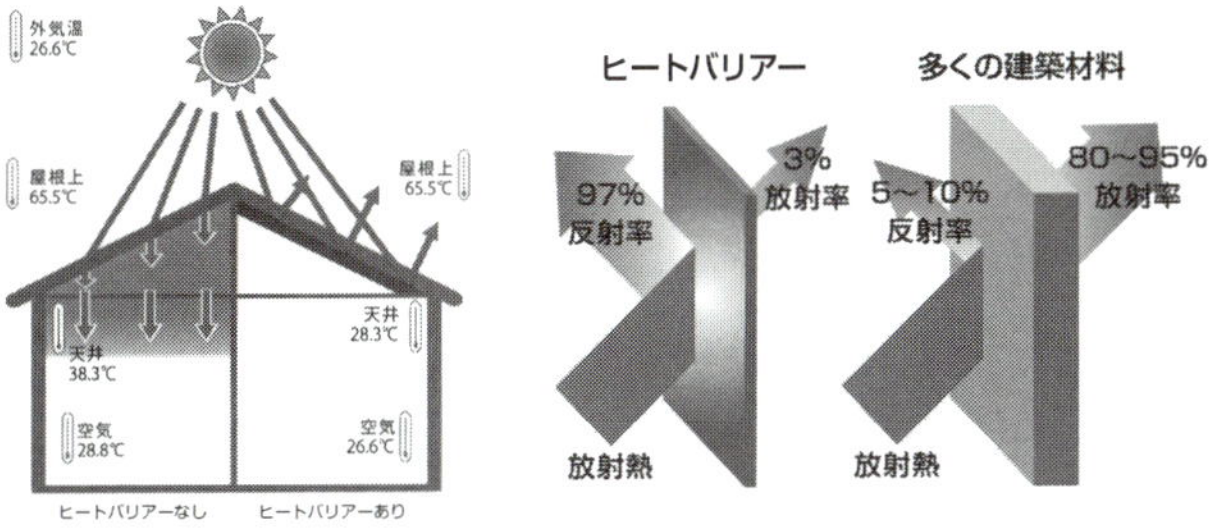

熱反射率97%の遮熱シート「ヒートバリアー」により、屋根裏上の熱の伝達を大幅に抑えることができます。左図のように、遮熱シートを使用しない場合と使用した場合の天井近くの気温の違いは一目瞭然。室温も同じ条件下で2℃以上も差があります。

いるEPSボードと一体化させ、屋根材の下に敷き詰めることにより、屋根裏にも熱が伝わりにくくなっているのです。

また、家の上部が屋根断熱なら、家の下部には基礎断熱です。

「0宣言の家」では、床下の換気口を基礎の側面（立ち上げ部分）に開けるのではなく、家の床面に向けて開けています。側面に開口部がないため、外周全てに断熱材を施すことができます。

●基礎断熱の違い

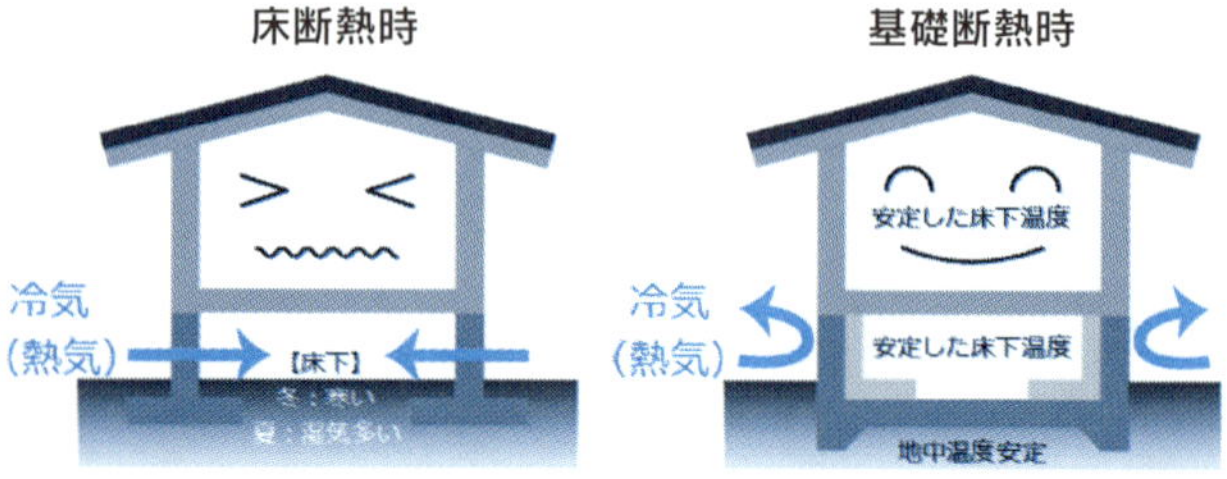

「0宣言の家」は、基礎部分の側面に開口部がないため、周囲全てを断熱材で囲むことが可能です。外部からの冷気（熱気）の侵入がなく、床下の地中温度が安定することで、夏は涼しく、冬は暖かい空気を室内に送ることができるのです。

ここで使用する断熱材は、第1章の中でも書いたように、発泡系ウレタンです。調湿効果や難燃性は期待できない材料ですが、側面をぐるりと囲む際には、隙間ができず、高い断熱性能を発揮するのです。

そのおかげで床下の空気は外気の影響を受けずに1年中安定していま す。そして、夏は涼しい空気、冬は暖かい空気を床の換気口を通じて室内へと送り込むことができます。床下に冷気が溜まり底冷えすることもないので、ランニングコスト高となる床暖房を設置する必要もないのです。

お施主様が証明してくれた、遮熱・断熱効果

「クアトロ断熱」をはじめ、屋根や基礎の断熱などさまざまな工夫によって「0宣言の家」の室内は、いつも快適に保たれています。

その快適さを自ら調査し、証明してくださった一人のお施主様のことをお話しさせていただきます。

兵庫県にお住まいの大谷様は、一昨年「0宣言の家」を建てられました。

これまで40年にわたり〝ダシも素材も完全無添加〟のお蕎麦屋さんを営んでこられた方です。地域では行列の絶えないお店として知られていたそうですから、やはり、こだわりの味が多くの蕎麦ファンを魅了したのだと思います。

●大谷様邸の各部屋の温度差

兵庫県 川西市
0宣言の家　各部屋ごとの温度差　冷暖房不使用
計測時間：6:00am ～10:00PM

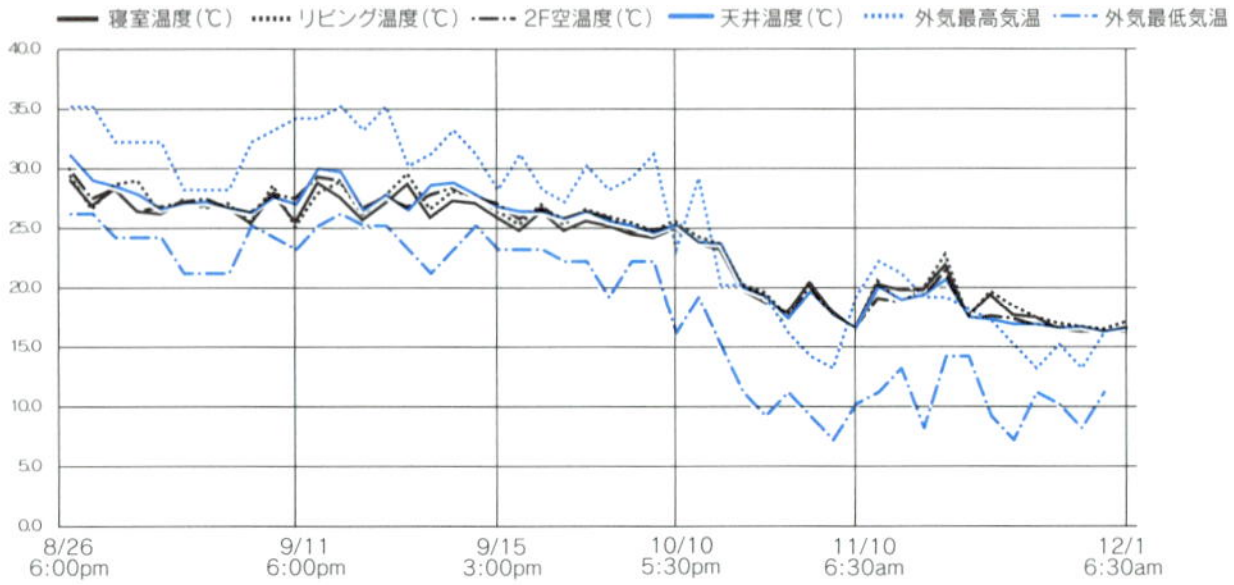

上のグラフでは、各部屋の平均温度差が1.1℃と非常に少なく、最大の温度差でも9月11日のリビングと2階の3.3℃と僅かな差です。また、外気温が低くなった時ほど、最低気温との差が大きくなっているのは、室内の温度を逃がさない優れた断熱性能の効果を証明しています。

そして、「0宣言の家」を選んでいただいたのも、本物にこだわる姿勢に共感してくださったからです。

昨年、惜しまれながらも店を閉じ、今はボランティア活動や地域貢献活動に忙しい毎日を送られていますが、大谷様は私にいつも、「私のこれからの役割は、『0宣言』を広めることだよ」とおっしゃってくださいます。

大谷様は、実際に毎日各部屋の温度を計測してくださっています。その測定データを拝見して、私はとてもうれしくなりました。

大谷様のお宅は、エアコンをかけていないにもかかわらず、1階居室と2階居室の天井の温度差は、平均1・1℃。もっとも温度差のあった日（平成28年9月11日午後6時時点）でも、その差はわずか3・3℃だったのです。

ちなみに、その日の最高外気温は33℃なのに、室内はエアコンを使用しなくとも1階居室27℃、2階居室29℃であり、外気温より低いという現象が起きています。また、10月中旬以降は、最高外気温より室内のほうが高くなります。

こうしたデータからも「0宣言の家」は、外気温が高い夏は、家の中は外より気温が低く、外気温が低くなる秋以降は内部の気温のほうが高いという結果が出たのです。大谷様が毎日計測してくださったおかげで貴重なデータが得られ、私たちも参考にさせていただいています。

エアコンに頼らずとも快適に暮らせるということを、お施主様ご自身が証明してくださったのですから、本当に有り難いことだと思います。

生きた無垢材を生み出す「愛工房」

「0宣言の家」の特徴としてもう一つご紹介しておきたいのが、使用している木材のことです。「0宣言の家」では、「愛工房」と呼ばれる木材乾燥装置で低温乾燥させた無垢の木を使っています。

一般的な乾燥装置は、木材を早く乾かすために80℃から100℃以上という高温で木を乾燥させます。しかし、木の酵素は60℃以上で死滅してしまうため、せっかくの無垢材の有用成分や色、ツヤ、香りが乾燥によって失われてしまうのです。

一方、「愛工房」は45℃という低温で木を乾燥させます。そのため木の酵素が死なず、生き生きと仕上がります。

「0宣言の家」に足を運んでいただくとよく分かるのですが、玄関に入った瞬間に心地よい木の香りがします。真夏の日でも、家に入ると涼しく感じられ、心地よい空気に包まれていると感じます。

このような快適さを生み出す背景には、生きた木を使っているかどうかも大きく関わっています。生きている木は、住まいの一部として呼吸します。漆喰と同様に調湿の働きをするだけでなく、耐久性にも優れています。さらに、私たちをリラックスさせ、心地よい眠りに誘ってくれます。

私たちは、「0宣言の家」を造る仲間でこの「愛工房」の窯をシェアし、自ら木材の乾燥を行うことで、大幅な経費削減を実現させ、標準仕様として屋根材などにも惜しむことなく使用しているのです。

地震に強い工法

最後に、「0宣言の家」の「地盤改良」についても触れておきたいと思います。

一般的に行われる地盤改良は、コンクリートと現場の土を混ぜ合わせて固める表層改良という方法です。この方法でも確かに表面は固まりますが、土壌が汚染され、地中から六価クロムという有害ガスが発生する可能性があります。そのような汚染された土壌では、将来、家を建て替える時の解体費用が莫大になります。産業廃棄物化した土壌は処理費用が高額となり、家一軒分を処理するために300〜400万円の費用が必要となるのです。さらには、ガソリンスタンドの跡地のように汚染された土地そのものの売却も難しくなります。

最近では六価クロムを封じこめる工法などが開発されていますが、封じ込めるということは、存在するということなので、とても推奨できる工法ではありません。

そこで、「0宣言の家」では、土壌改良が必要な場合は、「SG（スーパージオ）工法」という地盤改良法をおすすめしています。この工法は、新幹線のレールの下に使用されているコロンブス工法と同じような性質があります。東北の震災では、このコロンブス工法の素晴らしさが明確になりました。三陸鉄道は、何の土壌改良もしていないことから壊滅状態となりましたが、東北新幹線のレールに何の支障もなかったのは、この工法が施してあったからなのです。

では、そのコロンブス工法と同様の効果を持つ「ＳＧ工法」とは、どんな工法なのかを説明させていただきます。

今までの改良は、地盤の固い支持層まで掘削をして、地盤の固さで家を支持するという考え方でしたが、この工法は建物の下の地中に特殊なスーパージオ材という部材を敷き詰めることで、地震の時にこの部材が緩衝剤となるのです。簡単に言えば、基礎を支える地中を免震することで建物本体に揺れを伝えないという画期的な技術なのです。第１章でも触れたように、耐震よりも、免震という考え方が大事なのです。

また、土壌と同様に、建物の免震も重要な点ですが、実はそれにも良し悪しがあります。一般的な免震工法は、基礎の上に施工されており、基礎には地震の揺れが伝わってしまい、基礎より上は守ることはできても、建物を支える肝心な基礎を守ることは不可能なのです。

実際に私自身が熊本の被災地視察に訪れた際には、大手ハウスメーカーの免震工法で施工された家の基礎の崩壊を目の当たりにしました。しかも、その建物の外壁はサイディングであったことから、免震が施されているにもかかわらず、外壁のクラック（ひび割れ）は、他の家よりは軽傷ではありましたが、ところどころに見られました。

しかし、「0宣言の家」は、東日本大震災、熊本地震での被害は、ほぼ皆無だったのです。

写真は熊本のお施主様の家で撮影させていただいたものです。熊本地震の際、

●熊本地震による住宅の被害（熊本県阿蘇郡）

熊本地震で、「0宣言の家」の施主様のお宅を訪問。目の前の道路の亀裂が地震の大きさを物語っています。しかし、「0宣言の家」には、一つのクラックも見つけられませんでした。

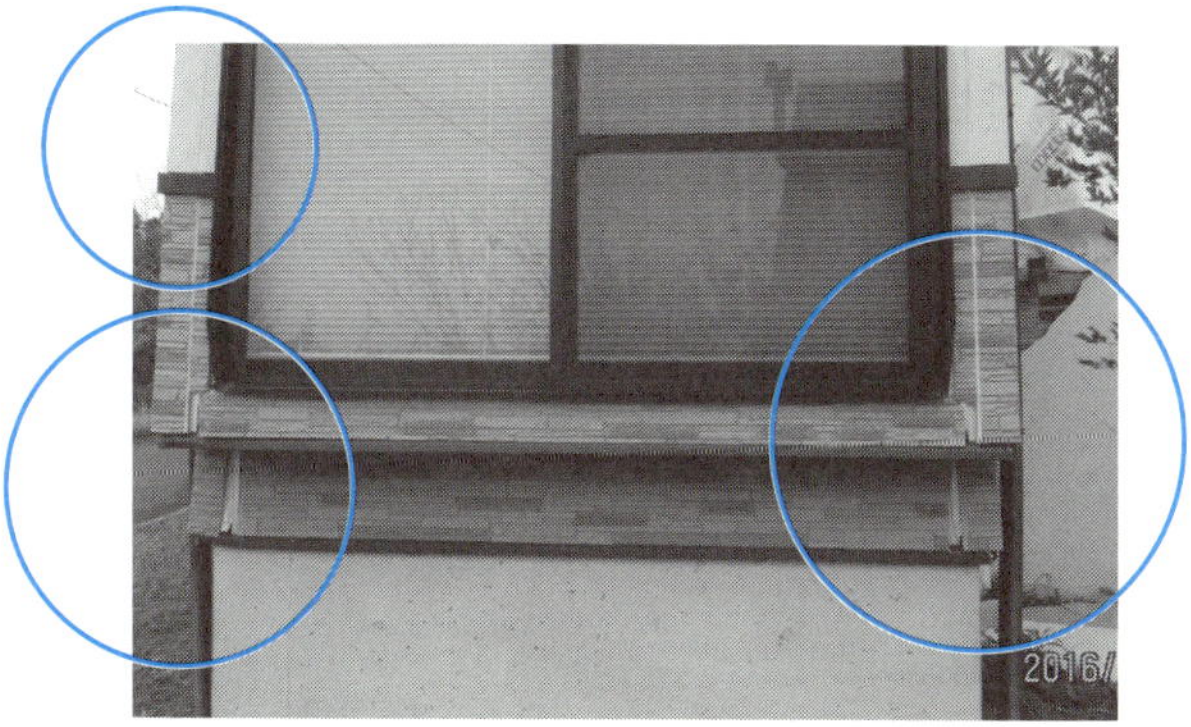

お施主様と同じエリアに建つ、大手ハウスメーカーの家では、写真のようにサイディングが割れたり、ジョイント部分のコーキングが剥がれたりする被害が多数見られました。

お住まいの地域も激しく揺れたそうで、家の目の前の道路にはご覧の通り、大きな亀裂が走っています。ところが、お施主様の家は、外壁にクラック一つ見当たりませんでした。

そのままご近所の住宅も見て回ったのですが、サイディングが外れて下に落ちたお宅や基礎に亀裂が入っているお宅など、ほぼ、100％の家が、何かしらの被害を受けていました。

今回伺ったお施主様のお宅は、それほど地盤が軟弱ではなかったため「SG工法」は用いていませんが、「クアトロ断熱」が、免震効果を発揮したことで被害がなかったと考えられます。

こうした現実からも、「0宣言の家」の方向性が間違っていなかったことが証明されたこともうれしい限りです。

家計に優しい家であること

本章では、「0宣言の家」の特徴についてご紹介してきました。
繰り返しになりますが、追究しているテーマは、

①長持ちして資産価値の落ちない家
②機械に頼らず、ランニングコストのかからない家
③調湿性があり、家族が健康に暮らせる家

の三つです。

こだわりの資材と工法で、家が劣化する要因を取り除き、①の長持ちする家を実現していることは、ここまでの説明でもご納得いただけたのではないかと思い

ます。

また、家そのものが快適な住環境をつくり出してくれるので、エアコンや除湿・加湿機などの機械に頼らなくても済むこともお話ししました。つまり、②のランニングコストが極力かからない低燃費な住宅なのです。

ランニングコストのご参考までに、あるご家庭の電気料金の領収書を見ていただきましょう。

愛知県にお住まいの小野様ご夫妻が「0宣言の家」に住まわれて2年ほどですが、引っ越す前に比べて「照明の数は増えているのに、電気料金は以前の半分以下になった」そうです。普段はご夫婦お二人暮らしでも、よく人を招かれるそうで、多い時には20人以上のゲストがご自宅に集まるのだそうです。それでも、一年の三分の一は、電気料金が3千円台になるそうです。また、その電気代も家が成長していることから、年々、下がっているそうです。

●お施主様宅の電気料金の変化

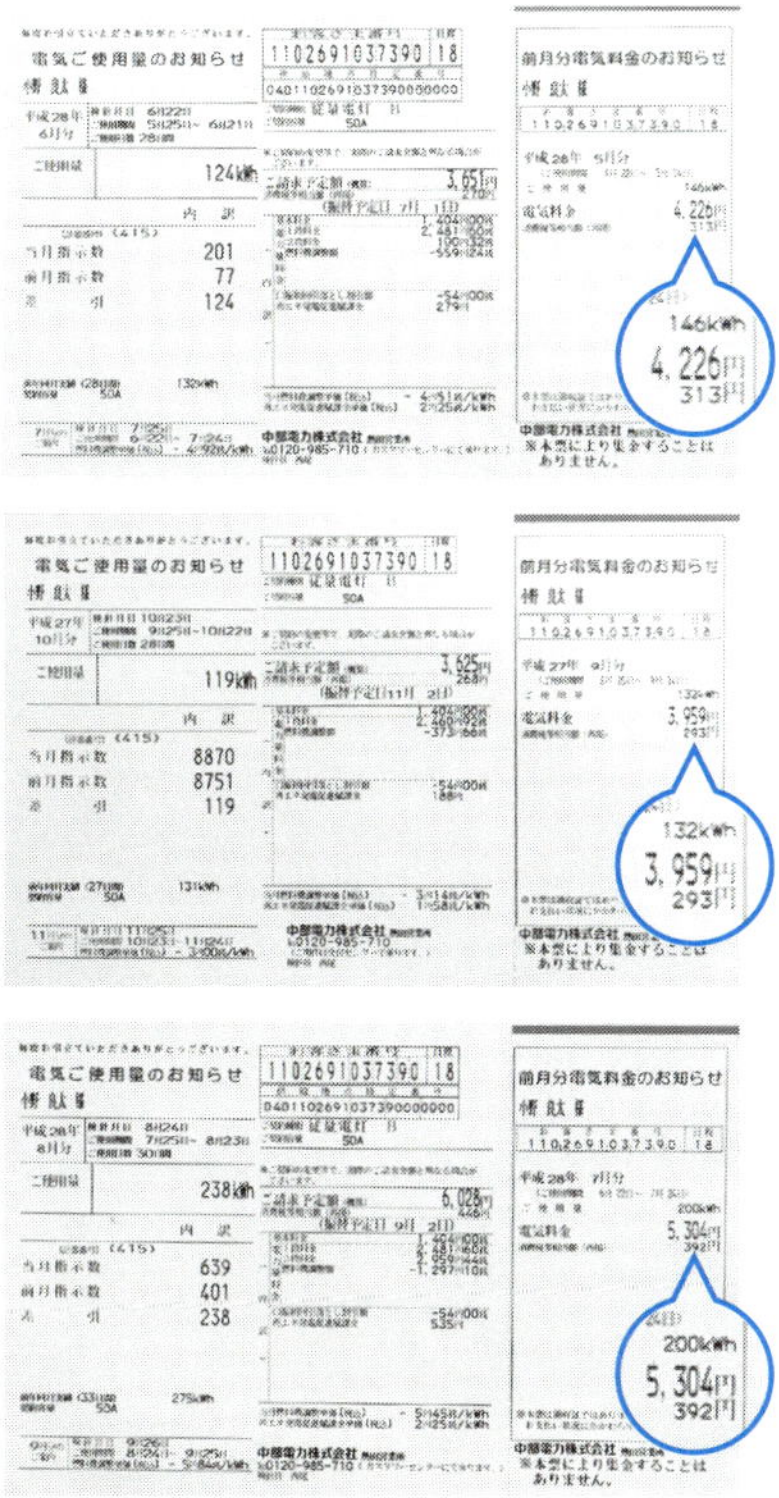

以前は、電気の使用の少ない時期でも料金が5千円を切ることはなかったそうですが、「0宣言の家」で暮らし始めてからは、真夏、エアコンを使った月でも電気料金は5千円台、年に数回は請求額が3千円台になるとのこと。

こうした現象は、小野様のお宅だけでなく、ほとんどの「0宣言の家」で起こる現象です。他にも月々の光熱費だけでなくエアコンの台数も容量も少なくて済むことから、新築時だけでなく、10年ごとの買い替え時のコストも大きく抑えられるのです。

さて、①長持ちする家、②ランニングコストのかからない家の次は、③家族が健康に暮らせる家についてです。

その点についても、これまでの内容でところどころ触れてはいますが、次章以降でさらに詳しくご紹介させていただきます。

住環境と人の体がどれほど密接に関わっているものなのか、さまざまなエビデンスも交えてお話しさせていただこうと思っています。

第3章まとめ

本当に良い家を追究した「0宣言の家」

・ 一般的な健康住宅は、本物とは言えない（問題点）

・壁には、接着剤が混ざった珪藻土！
・見える部分にだけ無垢材を使用！
・危険なシロアリ駆除剤を定期的に床下に撒いている！

・ 本物の健康住宅を推進する「0宣言の家」

・住み手に不利益なものの使用はゼロ！
・ログハウスの断熱の素晴らしさを取り入れた「クアトロ断熱」。
・屋根や基礎部分でも独自の断熱を採用。
・低温乾燥させた「愛工房」の無垢材を使用。
・地震に強い免震工法。
・エアコンなどの機械に頼らなくても快適で、ランニングコストがかからない。

そして、
・現状に満足することなく、常に最高を求めて進化を続ける！

本当に良い家とは、
「長持ちする」「ランニングコストがかからない」
「家族が健康に暮らせる」家である。

この3つのテーマを追究する
本物の健康住宅が、「0宣言の家」。

「0宣言の家」を騙り、ニセモノの健康住宅を
販売する業者に要注意！

ハウスメーカーへの質問例

"魔法の言葉"に惑わされないための、チェック問答例

Q

珪藻土がヨーロッパでは使用禁止になっているのはなぜ？

A

「分かりません」「知りません」と答えられないハウスメーカーには要注意。

珪藻土は、多量の接着剤（アクリル）を含んでおり、健康どころか、身体に悪影響を及ぼします。そのため、ヨーロッパでは珪藻土の使用を禁止している国があるのです。こうした状況を答えられないのは、ニセモノの健康住宅を造っている業者である可能性が大きいと思います。
また、「うちは珪藻土ではなく、漆喰を使っていますよ」というハウスメーカーにも注意が必要。漆喰の成分にまでこだわっているところは非常に少なく、ほとんどが珪藻土と同様、アクリルが含有されたものを使っています。

Q

シロアリ駆除剤は殺虫剤なので、体に悪いのでは？

A

「殺虫剤ではありません。タバコのニコチンに似た成分を使っています 」などと答える業者には要注意。

タバコのニコチンに似たネオニコチノイド系農薬は、害虫だけでなく益虫にも影響を及ぼすと言われています。また、人体に影響することも分かってきており、胎児や小児にはごく少量でも影響があると言われています。そんな薬剤を定期的に散布するのは恐ろしいことです。また、最近は、農薬に代わりホウ酸を使用する業者も出てきていますが、ホウ酸にはたくさんの種類があり、そのほとんどは、人体に悪影響を及ぼします。「ホウ酸を使う」という業者に対しては、その成分も確認することが大切です。

第4章

家が病気を治す

ログハウスでアトピーが治る!?

今では、数々の経験から、「住環境が食べ物以上に健康に影響するのは当たり前」と確信している私も、この業界に入った当時は、夢にも思っていませんでした。しかし、〝国が認めた〟工業化製品の資材と工法の家で暮らしたことで、子どもたちの健康状態が悪くなったことから、身を持って体感したのです。

娘たちがアトピー性皮膚炎を発症したことは、第1章で書かせていただいた通りです。当時は、シックハウス症候群という言葉も、今ほど一般的ではなく、まさか自分たちの住んでいる家が病気の原因になるなんて思いも寄らないことでした。そんな状況ですから、改善方法として思いつくことといえば皮膚科への通院と食事療法くらいでした。

どの病院も、どの薬も食事療法も、全くといっていいほど効き目がありませんでした。かわいそうですが、医者でも治せないものは無理だと、私たち夫婦も諦めていたところもありました。

ところが、当時、私が経営していた会社の営業スタッフの一言が、娘たちに光明を与えてくれたのです。

それは、「社長、うちで建てたログハウスに住んだお子様のほとんどが、半年でアトピーが治っていますよ」という言葉でした。

その言葉を聞いた時の私の第一声は、「そんなわけないだろう」でしたが、心の中には「娘のアトピーが改善するなら、藁にもすがりたい」という思いがあり、話を聞いた直後にログハウスに住まわれるお施主様のご自宅を何十軒も訪問させていただき、入居前と後の、お子様の状態の変化をうかがったり、写真などを見せていただいたりしたのです。

すると、営業スタッフの報告通り、〝ログハウスに住まわれたお子様のアトピーや喘息が改善された〟という紛れもない事実があったのです。

また、お施主様のお話を聞いていると、お子様だけでなく、大人の方々の健康状態も良くなったというのです。中でも一番多かったのは、眠りが深くなり、夜中にトイレに行くことが減って、朝の目覚めも良くなったということでした。

そして、ログハウスを建てられたほとんどのお施主様が、私が訪問すると何度も何度も感謝の言葉を言ってくださったのです。

私は、そうした声に、大感動を覚えました。金儲けのためだけに家造りをしていた私には、初めての感覚だったのです。

「人に心底、感謝されるのは、なんて心地よいのだろう。家造りは、やり方次第ではなんて楽しい仕事なのだろう」と、この業界に入って初めて思いました。あまりにうれしくて、この世にログハウスが存在することにまで感謝したほどでした。

工業化製品の家が病を招く

しかし、うれしさを味わうと同時に、「ログハウスが、それほど人の健康に影響するのなら、その逆の家も存在するのでは？　その逆の家とは、うちの主流の工業化製品の家なのでは？　うちの子どもたちに出た症状が、うちだけではなく私が建てた工業化製品の家に数多くあるのでは？」という大きな不安にも襲われました。

心配になった私は、工業化製品の家を調査せずにはいられませんでした。

実際に何十軒もの家を訪問しましたが、まさか、「この家に住んでから体調は悪くなりませんでしたか？」と聞くわけにはいかず、住宅定期点検という大義名分で訪問し、世間話などをしながらご家族の体調などを聞き出したのです。

その結果、工業化製品の家でお子様のアトピーが改善されたというお施主様は、誰一人としておられませんでした。それどころか悪化された方や発症された方が多数おられたのです。また、工業化製品の家のお施主様からは、当然なことかもしれませんが、感謝の言葉をいただくことはごく稀でした。というより、家に対しての指摘やクレームが、とにかく多かったのです。

こうした訪問調査の結果、それまで薄々分かってはいても、見ても見ないふりをしてきた、この信じたくない事実を受け入れるしかありませんでした。

「工業化製品の家は、劣化が早いばかりでなく人体に害を及ぼす」という事実に直面した私は、正直、自分自身がとても嫌になりました。お金までいただきながら、人の健康までも奪った自身の生き方が許せませんでした。それと同時に、こうした家を推奨する国や、メーカーにも憤慨したものです。

そして、この時にもう一つ強く思ったことがあります。いや、思いというより誓いといったほうが適切かもしれません。「ログハウス以外の建物でも、アトピーが改善する家を絶対に造ってみせる！」と、強く誓ったのです。

そこで、まず、私が始めたのが、〝アトピー性皮膚炎の治った〟ログハウスと〝アトピー性皮膚炎が悪化した〟工業化製品の家の比較でした。そして、双方を比べてみると、明確な違いがあったのです。

その違いとは、ログハウスには一切、工業化製品である新建材を使用していなかったということです。ログハウスは、全てが自然素材なのです。

ただ、そうした違いを見つけても、新建材が体に悪いという証拠にはなりません。当時は、今よりもシックハウスに関する情報がかなり少なく、証明するには自ら調査するしかありませんでした。

そこで、私が起こした行動は、建材メーカーへの聞き取り調査でした。

しかし、新建材に含有されている成分を確認しようと問い合わせたのですが、どこもかしこも「企業秘密です」「法律に反した成分は、含有していません」と言うばかりで、当たり障りのない回答しか得られませんでした。

それでも諦め切れなかった私は、何十種類もの新建材を食品分析センターなどの調査機関に持ち込み、どのような成分が含有されているのか、そして、それは人体にどういった影響を及ぼすのかを調査することにしました。

調査の詳細はあまりにも専門的、かつ莫大なデータということで割愛させていただきますが、結果的には、ほとんどの新建材には、人体に悪い影響を及ぼす成分が含まれていたのです。

こうした調査結果と、実際に住まわれているお施主様の状態からも、工業化製品の家が人体に悪影響を及ぼすことは間違いないとの確信を得ました。

私が思うに、ログハウスには体に優しい自然素材がたくさん使用されていることから、人間本来の自然治癒力が損なわれず、病気になれば自身の体の免疫で治癒することができるのです。そして反対に、工業化製品の家に住めば、建材などから放出される悪いエネルギーが人体を攻撃し、自然治癒力が損なわれることから、病気を改善する力もなくなってしまうのです。

もう一つの視点

ログハウス建築の経験を元に、ログハウスの特性を持つ「クアトロ断熱」を考案したことで、多くの方のアトピーや喘息を改善できるようになりました。しかし、現在の「0宣言の家」は、そのレベルに甘んじてはいません。

実際に「0宣言の家」に住まわれた方からは、「前立腺がんが治った」、「結婚して10年以上子どもができなかったのに子宝に恵まれた」、「甲状腺中毒症が治った」、「血圧が下がった」、「心臓のカテーテル手術がいらなくなった」、「リウマチが治った」、「糖尿病が治った」、「体重が減った」……など、数多くの奇跡のご報告をいただいているほどです。

こうした奇跡が起こせるようになったのは、ある出来事から物質の持つ「放射エネルギー」に興味を持ち、住宅に取り入れたからです。

その出来事とは、今から15年以上も前のことです。

私の姉が末期がんに侵され、余命3カ月と宣告を受けました。病院からはサジを投げられてしまったことから、生きるために彼女なりに西洋医学以外の多くの治療を試みたのです。

その中でも、秋田県にある玉川温泉での治療は私にとって、とても興味深いものでした。

今では、テレビや雑誌等でも「がん治療に効果がある温泉」として頻繁に登場するので、この温泉をご存知の方も多いと思いますが、姉が治療していた頃はそうした報道も少なく、知る人ぞ知る場所でした。私自身も、姉が余命宣告を受けるまでは一切知りませんでしたし、また、もし聞いていたとしても、関心を持たなかったと思います。

玉川温泉は、温泉といってもお湯で治療するのではなく、温泉の鉱物から放射されるラジウムという電磁波（放射エネルギー）を浴びることで治療します。

姉のがんが玉川温泉の力で完治したという証明はできませんが、余命3カ月と宣告されたにもかかわらず、15年以上経過した今でも、通院することもなく健常者そのものの生活をしています。

結論として、西洋医学では治らなかったがんが、違う方法で治ったということです。また、多くの書物やインターネット検索などで情報を集めてみたところ、姉と同様に、「玉川温泉に行ったことでがんが治った」との体験談が数多く紹介されていました。

こうした経験から、私は、物質から発生する「放射エネルギー」にすこぶる興味を持ち、猛勉強を始めたのです。最初は興味本位なだけでしたが、その仕組みが分かってくると、私の心は、単なる興味から実践にと変わっていきました。つまり、「放射エネルギー」の知識を勉強するだけでなく、私の家に取り入れてみようという気持ちになったのです。

実際に試してみようと決めたのは、この世に存在する物体は全て、電磁波等のエネルギーを放射していると分かったからです。

全てということは、私の使っている家の材料からも「放射エネルギー」が出ているわけです。その「放射エネルギー」を玉川温泉の鉱物から出るものと同じ、またはそれ以上のものにすれば、その家に住むだけで玉川温泉に行かなくてもがんが治ると考えたのです。

この発想を思いついた時、私は、「なんて素晴らしい発想なんだ！」と、うれしさで居ても立ってもいられなくなり、私のまわりの多数の建築関係者に自慢気に話をして回りました。

ところが、話を聞いたほぼ全員が否定的で、「お前、変な宗教にはまっただろ。くだらないことを言っていないで、真面目に仕事をしろ」と、誰一人まともに取り合ってくれなかったのです。

しかし、皆にくだらないと言われても、現実に多くの方が、玉川温泉の鉱物から放射される電磁波でがんを治しているのです。

絶対にできると信じて疑わない私は、誰からも相手にされなくとも、バカにされても、玉川温泉から放射されるエネルギーを建物からも放射させるための技術に挑戦をしたのです。

「私の家で、多くの方の病を治して幸せにするぞ！」との思いで挑戦したと言うと、非常に格好良く聞こえますが、正直に言えば、その気持ちだけではなく、「そうした家ができたら、俺をバカにした奴らを見返すことができる」「病気まで治すことができたら、いっぱいお金も儲かる」など、雑多な思いが入り混じっていました。

なにはともあれ、こうした気持ちから誰にも相手にされない不思議でありながらも、超科学的な技術の習得に挑戦したのです。

体の波動で病気が分かった

「放射エネルギー」を勉強する中で、「放射エネルギー」が「電磁波」だけでなく「波動」という言葉でも表現されていると知りました。また、音や光も「放射エネルギー」の一部であり振動しているということも、この時初めて知ったのです。

さらに、そうした知識だけでなく、私自身も「放射エネルギー」に関してとても貴重な体験をしたのです。

今から5年ほど前、私はひどい腰痛に悩まされたことがありました。

そこで地元で有名な大病院で、高額な費用を支払い、人間ドックを受けてみたのですが、歩けないほど腰が痛いのに、結果は「全て問題なし」というものでした。

納得がいかず外科を受診すると、ヘルニアと診断され、薬と通院での治療となりましたが、しばらく続けても回復どころか、症状は悪化するばかりでした。病院でも薬でも治らない。とにかく痛くて仕事どころか日常生活にも支障が出るほどで、まさに藁にもすがりたい心境だった私は、当時はそれほど信じていなかった波動測定を受けることにしたのです。

知り合いの波動測定士に相談すると、尿を送れば診断できるとのことでしたので、尿を送り測定してもらいました。

その結果は、膵臓《すいぞう》の波動数値が著しく低く、膵臓がんかもしれないというものでした。それを聞いた私は、正直焦りました。私の周りには膵臓がんで亡くなった方が多数おられ、そのほとんどが発症から1年以内に亡くなっていたからです。

焦った私は、波動測定の結果を持ち、いくつかの病院に相談に行きましたが、どの病院も波動測定の話には耳を貸してくれず、膵臓だけでなく全身の検査ばかりを持ちかけてきたのです。私としては、「検査で分からなかったから、こうした事態を招いているのではないか」という気持ちですから、病院の勧めには応じる気にはなれず、これらの病院への通院をやめることにしました。その代わり、知り合いから波動に関する知識のあるドクターを紹介してもらい、診療していただいたのです。

詳しく検査をしてみると、私の病気は膵臓がんではなく膵炎であることが分かりました。そして、食事の指導を受け、数カ月の通院で完治したのです。あのまま病院の言うことを信じてヘルニアの治療を行っていたら、今頃どうなっていたかと思うと、本当に恐ろしくなります。

その後、知り合いのドクターから、人間ドッグなどの検査で膵臓がんが分かる確率はたったの13％、大腸ガンでも25％と、かなり低いと聞きました。最新の医療技術をもってしても、病気を発見できる確率はかなり低いのです。

その一方で、人体の波動測定によって、見つけにくい病気まで分かることにも驚きました。この一件以来、私は病院の検査より波動という「放射エネルギー」の働きを高く評価するようになったのです。

このような経緯から、波動に強く興味をいだいた私は、人体だけでなくさまざまなものの波動測定をしたのです。

例えば、水道水と自然の湧水で名水といわれているもの、人体にあまり良くないといわれるカップラーメン、ファストフード、電磁波を出すスマートフォン、逆に体に良いと言われている手作り食品などの身近なものを測定したところ、湧水、手作り食品等は良い数値であり、水道水、ファストフード、スマートフォンなどは悪い数値となったのです。同時に建築資材でも測定したところ、やはり人体にあまり良くないといわれる工業化製品の数値は低く、自然素材などはかなり高い数値となりました。こうした測定での比較数値に納得した私は、使用している資材または、今後、使用をしようとする資材の全ての波動を測定することにしたのです。

ある技術との出会い

「放射エネルギー」に興味を持った私は、波動だけでなく、日本中にある数多くの目に見えない「放射エネルギー」を勉強しました。その中でも、最も影響を受けたのは長野県の片田舎にある放射エネルギーの研究所でした。

この研究所の特殊技術は、今から50年程前に開発されたもので、自然界にあるものの固有のエネルギーに着目し、そのものが持つ良い能力は極限まで伸ばし、悪い能力は消したり良い能力に変えたりするのです。もとは土壌改良の技術として開発されたとのことですが、エネルギーを数値化することで、さまざまな分野で応用されています。

しかも、これほど凄い技術でありながら、誰もが使えるようにと特許も取得せず、その技術を習得できるよう学問、実践両面での指導も行われています。

この技術を学べたことは、本当に良い経験になりましたし、「0宣言の家」の材料開発にも大いに役立ちました。

また、役に立ったのは、技術ばかりではなく、その考え方にも大きな影響を受けました。

その考え方とは、世間一般にある悪いものを、できるだけ排除するという考え方ではなく、悪い電磁波やVOCを良い放射エネルギーに変えるという、誰も発想しない画期的な思想なのです。

それまでの私は、他の健康住宅が、悪いものを少しだけ排除していることと比較して、「0宣言の家」では、全てを排除しゼロにしているから、これほど素晴らしい家造りはないと、かなり天狗になっていました。

しかし、この技術との出会いが、そうした私の鼻をへし折ってくれたのです。「今までのやり方は技術でも何でもない。ただ単に悪い物を使わないだけ。そんなやり方は誰にでもできる。悪いエネルギーを良いエネルギーに変換することが、本物の健康住宅に違いない」という考えに変わったのです。

ただ、悪いエネルギーを良くすると言っても、私がそうであったように、読者の皆さんにも意味不明だと思いますので、実例でご説明させていただきます。

前述のようにこの技術は、最初は農業から生まれました。一般的な農業は、農薬を使用し、それらが人体に悪影響を及ぼすことから、無農薬や有機栽培とするのが良いという発想です。しかし、そうした農業は、生産者の労働にかなり負担をかけるため、この技術では、農薬を使用しても、その農薬を無害化して生産者の負担を軽減するという考え方でなく、農薬の持つ強い毒のエネルギーを、良いエネルギーに変換するという考え方なのです。

それを実現するために、この研究所が持つ特殊技術で開発した水を、農薬を散布し害虫を排除した後に噴霧するのです。つまり、農薬の持つ殺虫性という良い特性は生かし、人体や植物に与える悪い特性は、水を噴霧することで、有機栽培のような良いエネルギーに変えているのです。

また、農業だけでなく住宅でも、クロス等の新建材に含有される悪い放射エネルギー（ＶＯＣ）を放出する薬剤系の接着剤を使用しても、この研究所で開発された水を混入するだけで人体に良い影響を与える放射エネルギーとなるのです。

自動車産業では、車の排気ガスが人体に悪いとされていますが、この技術で考案されたある器具を車に装着するだけで、環境に良い排気ガスに変化することから、環境改善にも役立てることができます。他にも、多数の業種で、マイナスをプラスに変えているのです。

その中でも、健康寝具の製造メーカーである株式会社アイアイは、まことみごとにこの技術を取り入れられ、世の中からも大きく認められています。50万円を超える高級布団が、毎年、７千枚以上も売れているばかりか、年々その数も増えているのです。

私自身も、この寝具にお世話になっているのですが、出張でヘトヘトになり帰宅してもこの布団で一晩寝るだけで、翌朝には何の疲れも残っていません。こうした良い効果があるのも、布団から出る悪い放射エネルギーを良いエネルギーに変換していることからだと考えられます。

このように多数の良い実例を知った私は、悪いエネルギーを良いエネルギーに変えるという考え方を「0宣言の家」に取り入れることにしたのです。

そして、その技術を猛勉強し、技術の修得に努めたのです。

また、その技術だけでは、コスト的にも技術的にも「0宣言の家」に使用するのは困難なことから、他の技術も組み入れ、オリジナルの技術を開発しました。

もちろん、この技術との出会いがなければ多くの方の疾病を改善させることなんて到底できなかったことだと思います。

マイナスをプラスに変える素晴らしい技術との出会いが、今の好結果を生んでいるのは紛れもない事実なのです。

放射エネルギーを利用した技術

前述の技術を学ぶ一方で、私は、「一つの技術だけにとらわれるのは視野が狭くなることから良くないのでは」と、多方面の技術を勉強してきましたし、今も、それは継続しています。そうした考えから多くの技術を結集させ、オリジナルの技術を作り上げたのです。

開発した「0宣言の家」に使用している技術には、企業秘密の部分もあるため、差し障りのない程度で簡単に説明をさせていただきます。

例えば水に、あるエネルギーを放射させることでエネルギーの高い水となります。その水は「ゼロワンウォーター」との商品名で、住宅のコンクリート、漆喰

●コンクリートの重さ、強度の比較実験

〈コンクリートの重さの変化〉

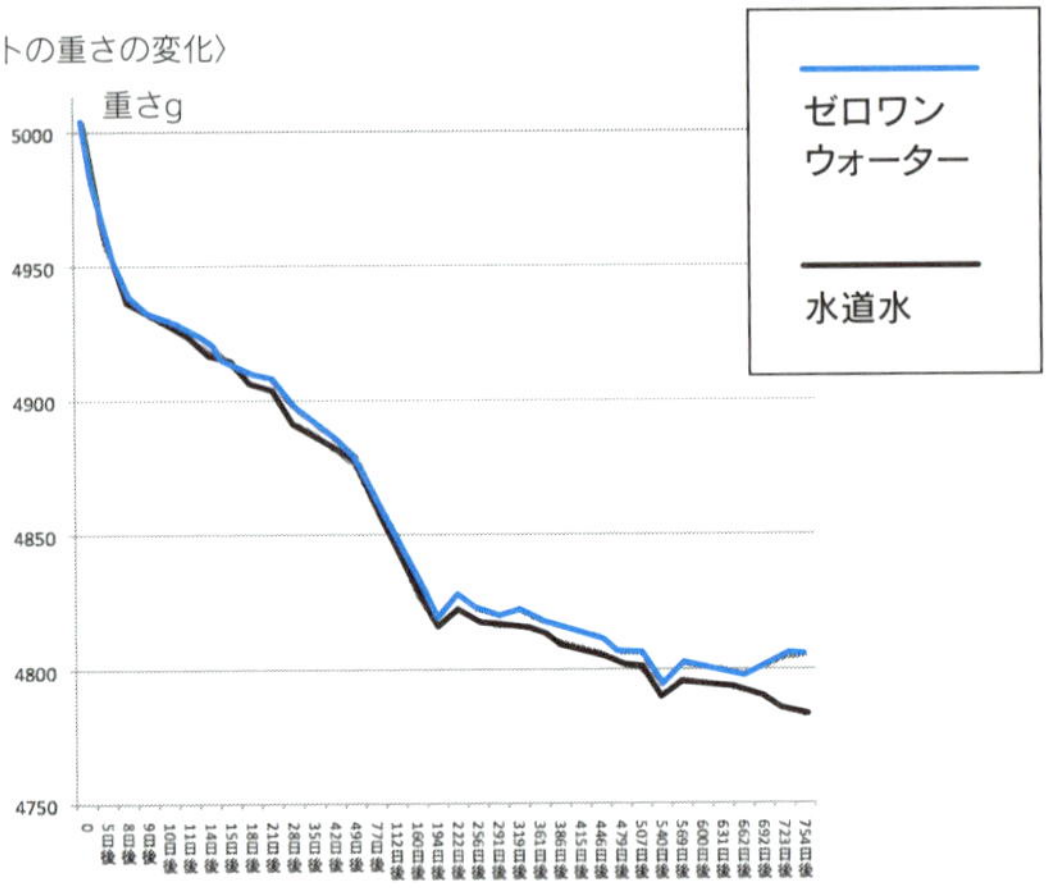

〈コンクリートの強度の変化〉

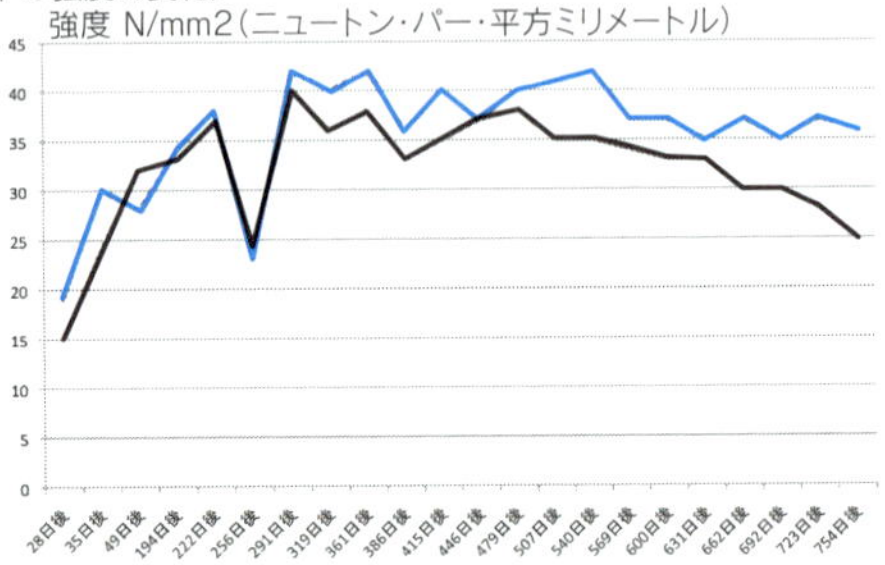

水道水を使ったコンクリートと、「ゼロワンウォーター」を使ったコンクリートの変化を観察したところ、水道水を使ったほうは重量がどんどん軽く、また強度も低下していますが、「ゼロワンウオーター」を使ったほうは、途中から重量が上昇に転じ、強度も高い状態を保っていることが分かります。

等の資材に混入します。

「ゼロワンウォーター」は、コンクリートに混入するだけで、コンクリートのエネルギーが高まり、強度も増し、コンクリート自体の寿命も長くなり、環境や人体に良い「放射エネルギー」を出すようになります。

一般的に、コンクリートは水を混入すると強度が落ちるのですが、この水は、コンクリートに混ぜれば右ページの下の表にあるように強度が上がります。そして、強度が高くなったコンクリートは、当然ながら寿命も延びるのです。

では、なぜこのような現象が起こるのでしょうか。その理由をご説明させていただきます。

もともと、コンクリートの主成分は〝珪素《けいそ》〟と呼ばれる鉱物です。聞き慣れない名前かもしれませんが、私たちがよく知る珪素の代表的なものは、水晶です。

水晶の寿命は、数千年とも数億年とも言われています。ならば、珪素が主成分であるコンクリートも水晶のように長持ちしても不思議ではないのですが、実際には、コンクリートの寿命は50年ほどしかありません。

では、なぜ水晶の寿命は長く、コンクリートは短命なのかといえば、コンクリートには、添加剤といわれる不純物が含まれているからです。この不純物を取り除ければよいのでしょうが、今の技術では、これらの不純物を混入しないとコンクリートは固まらないことから、それらを取り除くことはできません。

さらに、水晶とコンクリートにはもう一つ大きな違いがあります。圧倒的に水晶のほうが、物質としての密度が高いのです。密度が高いということは、分子間の隙間が少ないということです。

片やコンクリートは、水晶と比較して、凝固時に分子同士を引き付けるエネルギーが弱いことから密度が粗いのです。密度が粗いということは、分子間に隙間があるということですから、その隙間に酸素がまわることから酸化し、短命なのです。

ところが、こうした欠点も、「ゼロワンウォーター」を混入すれば添加剤のマイナスも消し、水晶のように密度も高くなることから、コンクリートの強度が増し、寿命も長くなるのです。

ちなみに、こうした現象は、水晶やコンクリートだけに言えることではありません。自然界のエネルギーの高いダイヤモンドなども、密度が高く鉱物内に酸素が侵入することが極めて少ないことから、酸化現象を起こしにくく、長寿命なのです。

余談ですが、最近の発表で、２千年以上も前のローマ帝国には、すでにコンクリート（古代コンクリート）を作る技術があり、今でも当時のものが現存しているばかりか、さらに強度が増していることが分かったそうです。

また、そのコンクリートに使用されていたのは、火山岩、火山灰、石灰、海水と全て自然界のものばかりでした。「ゼロワンウォーター」にも、このような自然界の力と同様のエネルギーが含まれているのです。そのため、一般的なコンクリートとは異なり、強度が増し寿命が長くなると考えられるのです。

人体にも環境にも良いコンクリートの完成

「ゼロワンウォーター」を混入したコンクリートは、次ページの表のように波動数値も上がります。高い波動を放出することから、人体にも環境にも良い効果が期待できるのです。

「0宣言の家」では、基礎、内部の漆喰、外壁の塗壁と水を必要とする工事には、ほぼ混入します。そうすることで、建物全体の波動が良くなります。

では、波動が良くなることで、実際にどのような効果があるかを説明させていただきます。

●コンクリートの波動測定の比較

部位	ゼロワンウォーター	通常のコンクリート
免疫	＋9	＋2
肝臓	＋9	−4
心臓	＋9	−4
胃	＋13	＋1
膵臓	＋10	−4
肺	＋10	＋1
大腸	＋5	−2
腎臓	＋11	−6
膀胱	＋7	−6
ストレス	＋18	＋3

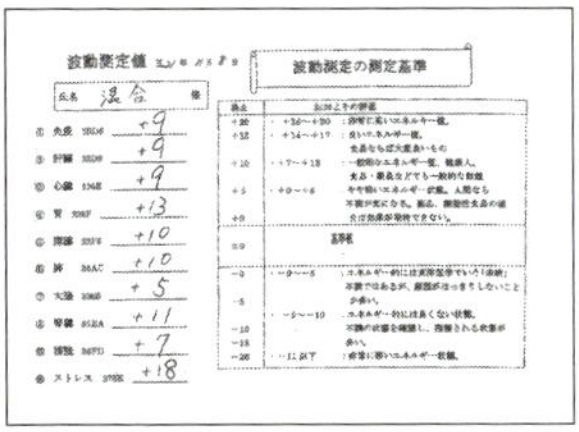

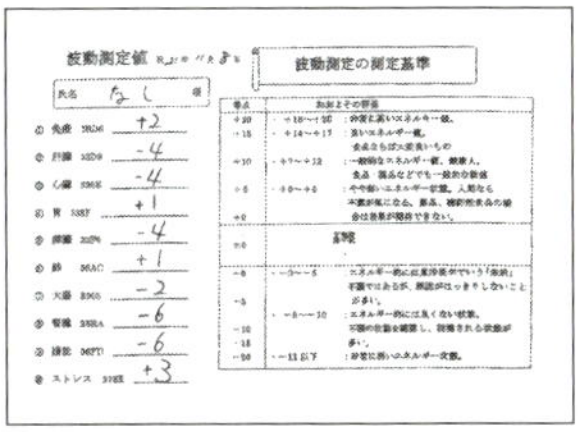

基準値は±0、＋になればエネルギーは高く、人体に良いもの、−になれば悪いエネルギーになり、人体に良くない状態を引き起こすことを示しています。表の数値から、「ゼロワンウォーター」を混入したコンクリートが、人体や住環境に良い影響を与えていることが分かります。

高波動の「ゼロワンウォーター」を、混入することでコンクリートや漆喰等の物体は、エネルギーの高い中性のエネルギーを持ち、エネルギーの高いマイナスイオンを放射します。そのマイナスイオンが、空気中の窒素と交わることで窒素の還元エネルギーが高まるのです。もともと窒素には空気を還元する性質がありますが、その還元性がより高まるのです。

つまり、酸化した空気を還元するのです。

例を挙げれば、臭いを無臭化させます。臭いとは酸化ですから、酸素を切り離して中性にすれば無臭になります。その役目を、還元性が高まった窒素が行ってくれるのです。

他にも「ゼロワンウォーター」を混入したコンクリートや漆喰は、ホコリ、カビ、水垢、雨垢、油汚れなども防いでくれます。

「0宣言の家」では、ほぼこれらの現象が起こりません。なぜなら、これも還元能力が高まった窒素がこれらを還元させているからです。一言で言えば、抗酸化です。

家にホコリがないと言うと多くの方は、かなり不思議に思われます。しかし、ホコリについて理解すれば当たり前のことなのです。

ホコリの原型は、１０００分の１ミリであり、そのままの大きさであれば目に見えないものなのです。しかし、それらが集結することにより、目に見えるようになるのです。では、なぜ、集結するかといえば酸化現象が起こるからです。酸化とは、酸素と違う空気が結合することです。空気の結合により空気中に浮遊する１０００分の１ミリのホコリが集結することから、目に見えるホコリとなるのです。

ところが、エネルギーの高い空気は、酸化現象を起こさないことからホコリが集結しにくく、目に見えるホコリにはならないのです。

また、カビがないのも同じことです。カビの原因は湿気と思われがちですが、「０宣言の家」では、湿度の高い浴室や脱衣室にもカビは、ほぼ生えません。ということは、カビ発生の根本は湿気ではないということです。

カビ発生の第一の原因は、1000分の1ミリのホコリに含有する胞子の結合ですから、ホコリの集結がなければ胞子の結合もあり得ません。

だから、「0宣言の家」では、湿気ある場所でもカビが発生しないのです。

同様に、水垢、雨垢も物体に付着したホコリが酸化することで起きる現象です。高い中性のエネルギーを放射する「0宣言の家」では、ホコリが酸化しないことから雨垢や水垢になりません。外部のホコリは雨や風で払い落ちることから雨垢にはならず、もし雨垢がついたとしても、酸化していないことから家庭用の高圧洗浄機等の水洗いで綺麗になります。

そして内部には、ほぼホコリがないことから、キッチンや洗面台などにも水垢は付きません。

こうした現象は、自然界では当たり前に行われています。例えば、樹齢

1000年の古い木でも雨垢は存在しません。植物は、ポリフェノールを放出することで、抗酸化作用を働かせていることから雨垢が付きません。日本茶などに含有されるポリフェノールが、体内の酸化を防ぐということを聞いたことのある方も少なくないと思いますが、それと同じような現象なのです。

また、キッチンの調理器具周りの油汚れがないのも、蒸発した油が酸化していないからです。油は、液体の状態でも新しいものは酸化しておらずサラサラであり、古くなり酸化するとベタベタします。こうした現象は、気体化しても同じことが言えるのです。

他にも、嫌気的な生物は、寄りつきにくくなります。「0宣言の家」では、真夏の夜に電気をつけて窓を全開にしていても、蚊は建物内にはほぼ入ってきませんし、ハエやゴキブリを見かけることも皆無です。

蚊、ハエ、ゴキブリなどの生物は、綺麗な空間は好みません。我々人間が嫌いな生ごみが腐敗したような空間を好む嫌気的な生物は、好気的な空間では生存できないのです。

こうしたことからも、いかに「0宣言の家」の空間の空気が酸化していないかがお分かりいただけると思います。

そして、この放射エネルギーを利用した効果は、建物に生じる現象だけでなく、人間にも植物にも全てに良い結果を生み出します。

人は、免疫力を持つことで若返りますし、健康になります。植物は、次ページの写真のように、このエネルギーが放射されたものとされてないものを比較すると、まるで違う生物のように、大きさもみずみずしさも、著しく成長度合が違います。

私の家では、バナナを常温で置いているのですが、以前の家は、10日ほどで酸化して色が早く変色したのですが、今の家は、その倍ほど酸化が遅く感じます。

●水道水とゼロワンウォーターによる植物の成長の違い

植木店で購入してきたミリオンバンブーを切り、同じガラスの花器に挿し、同じ水道水を入れて数カ月成長を観察しました。近くに「ゼロワンウォーター」を使用したコンクリートを置いたものと置かないものでは、育ち方に雲泥の差が出ました。

そればかりか、酸化して、より酸っぱくなったレモンを、「0宣言の家」に持ち込むと、元に戻り酸っぱさが軽減されるのです。

こうした現象は、不思議に思えるかもしれませんが、私の姉が玉川温泉の鉱物に寝転がり触れたことで、がんという劣化現象がなくなり、元通りになったのも同じ原理です。人間も、そのような「良い放射エネルギー」に触れたり浴びたりすれば、野菜や植物のように若返るのです。

つまり、自然治癒力が高まり、若返るのです。まさにアンチエイジングの技術なのです。

また、若返るのは、人や植物だけでなく、建物自体も日に日に進化しています。一般的に物体は年数の経過と共に劣化しますが、「0宣言の家」は、年々、抗酸化力が増しているのです。入居したてより年数が経過したほうが、ホコリも少なくなるというように成長する家なのです。

まさに、自然界の鉱石が成長しているかのようです。

他にも、抗酸化することによって分子が綺麗に整列することで、ランニングコストの軽減にも役立ちます。

左の図に描かれているように、室内の空気の分子が「良い放射エネルギー」に触れると、分子の結合がほどけ、より細かい粒子に変わることで、振動が大きく速くなります。

●空気中の分子のイメージ

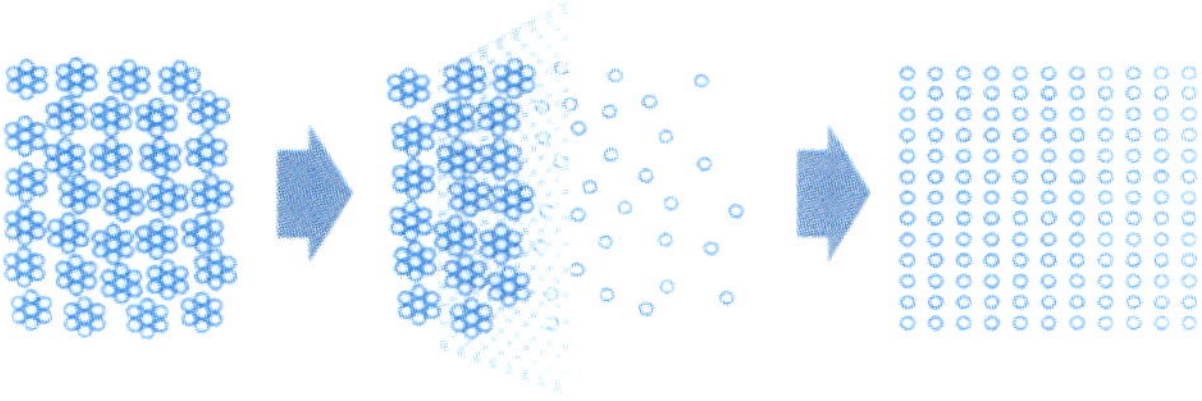

ブドウの房のように結合している空気中の分子が、良い「放射エネルギー」に触れることで結合がほどけ微粒化し、整列します。分子運動が活発になり、熱の伝導が速くなり、冷暖房効果が上がり、ランニングコストが下がります。

これにより冷房や暖房など、それぞれの熱を大きく速くなった分子の振動により速く伝えることで、冷暖房効果が促進され、家のランニングコストも軽減するのです。

危険な電磁波エネルギー

以前は電磁波のことなどあまり問題にされませんでしたが、近頃では電磁波が体に悪いという認識は、どなたもある程度はお持ちかと思います。しかし、そうした認識とは裏腹に、電磁波を大量に発生する電化製品や電気自動車、携帯電話等が年々増加傾向にあるのですが、日本では電磁波の情報が正しく開示されていないように思います。

欧米諸国等では、実際に電磁波が人体に与える影響を調査、研究し、それらを赤裸々に公表していることから、日本人と比較すれば電磁波に対して敏感な方が多いようです。また、法律で電磁波対策を講じている国もあるほどです。スウェーデンでは、住宅のコンセントの全てにアース付けを義務付けています。ちなみに日本では、冷蔵庫と洗濯機にしかアースを付けないのが一般的です。それ以外にも、さまざまな電気製品から電磁波が発生しているにもかかわらずです。

では、電磁波とはそもそもどんなものでしょうか。

その言葉のとおり、「電場（電界＝電気的な力の作用する空間）」と「磁場（磁界＝磁力が作用する空間）」という異なるエネルギーが次々と発生し伝わっていく波のことです。電流が流れると磁場ができ、磁場の影響で電場が変動し、さらに電場の変動によってまた磁場ができる。互い違いに繋がっていくような図をイメージすると分かりやすいと思います。

そして電気が伝わっていく波の大きさを「波長」、1秒間に起きる波の数を「周波数」と言います。波の種類はさまざまあり、一般的には波長の短いものほどエネルギーが強く、人体への影響も大きいとされています。その代表が健康診断のレントゲンで使われるエックス線やガンの治療で使われるガンマ線などの放射線です。

●電磁波の種類

			種類	細分	波長(m)	周波数(Hz)	光子エネルギー(eV)	用途
電磁波	電離放射線	放射線	ガンマ線		〜1pm			癌治療、医療、品種改良
電磁波	電離放射線	放射線	X線	硬X線 軟X線	1pm-10nm	30PHz−300EHz	124eV−1.24MeV	非破壊検査機器、医療機器
電磁波	非電離放射線	光	紫外線	極端紫外線 遠紫外線 近紫外線	1nm-400nm	−300EHz	3.10eV−124eV	殺菌灯、日焼けサロン
電磁波	非電離放射線	光	可視光線	(寒色) (中間色) (暖色)	380nm-780nm		1.59eV−3.26eV	光学機器
電磁波	非電離放射線	光	赤光線(IR)	近赤外線 中赤外線 遠赤外線	780nm-1mm	3THz−	1.59eV−1.24meV	赤外線写真、暖房機器コタツ
電磁波	非電離放射線	電波	マイクロ波	サブミリ波	100um-1mm	300GHz−3THz		光通信(赤外線)
電磁波	非電離放射線	電波	マイクロ波	ミリ波(EHF)	1mm-1cm	30GHz−300GHz		電話中継、レーダー
電磁波	非電離放射線	電波	マイクロ波	センチ波(SHF)	1cm-10cm	3GHz−30GHz		電子レンジ、衛星放送
電磁波	非電離放射線	電波	マイクロ波	超極短波(UHF)	10cm-1m	300MHz−3GHz		警察・消防通信、携帯電話、PHS
電磁波	非電離放射線	電波	TV波	超短波(VHF)	1m-10m	30MHz−300MHz		TV放送、FMラジオ
電磁波	非電離放射線	電波	ラジオ波	短波(HF)	10m-100m	3MHz−30MHz		アマチュア無線、遠距離TV・ラジオ(国際通信)
電磁波	非電離放射線	電波	ラジオ波	中波(MF)	100m-1km	300KHz−3MHz		AMラジオ
電磁波	非電離放射線	電波	ラジオ波	長波(LF)	1km-10km	30-300KHz		海上無線、航空機用無線、IH、電波時計
電磁波	非電離放射線	電波	超長波(VLF)		10km-100km	3KHz−30KHz		低周波治療、超音波洗浄、長距離通信
電磁波	非電離放射線	電磁界	超低周波(ELF)		100km〜	0-3KHz		超周波治療、美顔、送電線、電気製品

電磁波は、「波長」と「周波数」によって、さまざまな種類に分類されます。一般的に、波長が短いほうが電磁波の持つエネルギーは強く、人体への影響も大きいと言われています。

家電製品や携帯電話などは放射線に比べると波長は長くなりますが、このような波長の長い（低周波の）電磁波の影響についても研究の目が向けられるようになっています。

ちなみに、スマートフォンを、毎日たった30分でも操作する方は、しない方に比べて脳腫瘍ができる確率が1・5倍になるとＷＨＯ（世界保健機構）は警告していますが、こうした危険性を知る人はまだまだ少ないと思います。

ほとんどの電磁波は、体内に活性酸素を作り出し、細胞を酸化させます。酸化とは劣化です。

実際にがん患者の方、病弱な方は、健常者に比べて体内活性酸素がかなり多いことが医学的見地からも発表されています。つまり、身体が酸化しているということです。

体を酸化させる電磁波を進んで浴びるような生活は、まさに、自殺行為です。

しかし、それでも電気自動車やオール電化住宅、スマートフォンの進化等、世の中は電磁波を抑制するどころか増長させる傾向にあります。しかも、国は企業寄りであり、企業の収益を圧迫することになる電磁波の危険性を隠すばかりか、「IHはガスよりも空気を汚さないです」というように、良いイメージを植え付けているほどなのです。

また、家電製品などから発する電磁波だけでなく、家の中や屋外を飛んでいる電磁波も気になります。例えば、家で使われる電話の子機は、親機とつながるために常に通信をしていますし、玄関のインターフォンや地デジなどの通信でも、電磁波が飛んでいます。

最近でいえば、家の外に取り付けられたスマートメーターも大きな問題を抱えていると思います。

スマートメーターとは、毎月の検針業務の自動化やHEMS（ホーム・エネルギー・マネジメントシステム）等を通じ、電気使用状況の見える化を可能にする、情報通信機能をもった電力メーターです。

このメーターの導入により、電気料金メニューの選択肢が増えたり、省エネサービス等の提供が受けられたりするなど、さまざまな広がりが期待されていますが、そこでの電磁波被害については、ほとんどの方がご存じないと思います。

実は、アメリカのスマートメーター設置地域では、頭痛やめまい、不眠、耳鳴り、吐き気などを訴える人が増えたそうで、これらの症状が、携帯電話の基地局周辺で報告されている症状とも一致しているといいます。

2012年、国際的な医学会である、アメリカ環境医学アカデミーが、スマートメーターの設置に反対する、CPUC（カリフォルニア州公益事業委員会）宛の決議文を公開しました。

つまり、最近の研究において、スマートメーターから放射される電磁波と同程度の強さの電磁波が、遺伝子や細胞、ホルモン、生殖能力、血液、がんなどに影響を及ぼすことが示されたというのです。

身近なスマートメーターですが、世界ではこうした動きがあることも、覚えておきたいものです。

悪い電磁波を良い電磁波に変える

とはいえ、先ほども書きましたように、電磁波が体に悪いと分かったとしても、私たちが電気なしで生活するのは不可能ですし、ほとんどの方は、それを望まないと思います。電気が生活に欠かせないものである以上、電磁波から解放されることはないのです。

そうしたことから、日本でも近年では、電磁波対策を施すビジネスが増加しています。住宅業界も例外ではなく、前述したスウェーデンの法律にあるように、家中のコンセントを地中に逃し電磁波の量を3分の1にするという技術を「オールアース住宅」として売り出している会社もあります。

しかし、「オールアース住宅」にしても、電磁波の量は軽減されるだけで、決してゼロにはなりません。体に良いか悪いかといえば、電磁波が少なくなっただけで、悪いことには変わりはないのです。

実際に私の知合いの電磁波障害の方が、「オールアース住宅」のオープンハウスに行かれましたが、家に入った直後に体に異変を覚えたとのことでした。やはり、悪いものを取り除くだけでなく、良いものに変えるという発想が重要なのです。

そこで私は、悪い電磁波を良い電磁波に変えるために、新しい分電盤を開発することにしたのです。開発といっても、前述した長野の研究所では、この技術を、10年ほど前に確立していたことから、その技術の指導を受けた私は、割と簡単に、より良いものを低コストでの商品化に成功したのです。

電磁波障害の方とともに分電盤を開発

分電盤の開発に着手した頃、私は一人の電磁波障害の女性と知り合いました。ある病院に電磁波障害の治療に通われていた患者さんで、ワナピヤラット・美保さんという方です。

美保さんは、白血病になる確率が一般の人の50倍との診断を下された、私の知る限り、日本一電磁波に敏感な方ではないかと思います。

実際にご自宅にもお邪魔しましたが、パソコンは1カ月に10分、携帯電話はほんの数十秒、テレビも置けず、小さなカーナビのディスプレイを緊急用に使うような状況でした。リラックスするはずのお風呂も、浴室の天井が低く照明が近いことから、電磁波の影響を受けやすいことで、入浴時間も5分程度であり、長時間の半身浴をしたくてもできないとのことでした。

とにかく電磁波を受けると、頭痛がしたり、目の毛細血管が切れて出血したりと体調に異変をきたしてしまうのです。

私のセミナーにも何度か来てくださっていますが、電磁波対策グッズなどを身に着けておられているのにもかかわらず、周りのスマートフォン等から出る電磁波で、白目部分から出血し、流血されることも度々です。

そんな美保さんの電磁波障害を少しでも緩和できたらとの思いで、美保さんの家や車などに、私ができる範囲の電磁波対策に関わる環境改善措置を施させていただいたことが、分電盤開発に大きく役立ったのです。

というのも、美保さんは、ドイツの振動医学も学んでおられ。波動を測定する機械まで持っておられる電磁波対策のスペシャリストだったのです。また、それだけでもかなり凄いことなのですが、それ以上に、美保さんの体が、高性能な電磁波測定機よりも正確に電磁波に反応されることから、的確なアドバイスがいただけたのです。

例えば、ある電池式の健康増進グッズを持っていただいたところ、一般の方の体には、反応しないことでも美保さんの体には頭痛等の反応が出るのです。そうした反応が、なぜ出たのかをご自身でドイツ振動医学の知識を元に検証され、それらを克明に報告していただけたのです。その報告を通して、今までの私にはなかった知識を、伝授していただけたのです。

日本では、電磁波の量だけを基準として、人体に影響があると言われていますが、ドイツ振動医学では、電磁波の種類までを判定し、番号化されているのです。美保さんは、それらの数値を具体的に分かりやすく指導してくださいました。

こうした、まさに全身全霊をかけたご協力のもとに、悪い電磁波を良い電磁波に変換する分電盤「ＭＩＮＡＭＩ」が誕生したのです。

もちろん、「MINAMI」の完成品第1号は、生みの親である美保さんのお宅に設置させていただきました。「MINAMI」を設置してからは、パソコンを長時間使うこともできるようになり、携帯電話の通話もできるようになったそうです。テレビやお風呂もゆっくりと楽しむことができるようにもなられたとご連絡をいただきました。

美保さんだけでなくご主人様も、「この分電盤が、私たちの生活スタイルをバラ色にしてくれました。人生を変えていただいたのです」と、大変喜んでくださいました。

この言葉を聞いた私も、「苦しくてもやってきて本当に良かった。諦めなくて良かった」と、なんともいえない幸せな気分になり、思わずうれし涙を流したものです。

ＩＨで調理しても油を劣化させない

ただし、良い電流や電磁波に変わると言っても、目で見えるわけではありません。

そこで、一般的な分電盤と「ＭＩＮＡＭＩ」を経由した電流には、どのような違いがあるのかを、専門の研究機関で比較実験することで、それらの証明を試みたのです。すると、「ＭＩＮＡＭＩ」を通過した電流は、極めて良い結果をもたらしたのです。

まず、調査したのが、家電製品の中でも最も大きな健康被害を及ぼすといわれているＩＨ調理器具での違いです。

ＩＨ調理器具から発生する電磁波は、１０００ミリガウスを超えるような、非常に大きな数値になることもあります。このように、大きな電磁波を浴びれば、人体に多大な悪影響を及ぼすことは間違いないと思います。

こうした数値を聞くと、多くの方は、調理をしている方だけが、被害を受けると思いがちです。しかし実際は、調理をしている方だけでなく、ＩＨ調理器具で調理された食材を食べられる方にも健康被害は及ぶのです。

なぜなら、電磁波を浴びると酸化するのは人間だけではなく、調理された食材も酸化するからです。酸化した食材が体内に入れば、当然ながら体も酸化してしまうのです。

電磁波障害の患者さんを治療する多数の医師からも、食べ物の中で最も危険なものは酸化した油だと耳にします。しかも、酸化した油を食べると人は太ります。美しい体型を保ちたい方には、非常に厄介な食材です。

ＩＨ調理器具が与える被害について詳しく知りたい方は、環境問題のジャーナリスト、評論家として知られる船瀬俊介先生が関連本を出しておられるので、ぜひ、読んでみていただければと思います。

さて、お話を分電盤の比較実験に戻しましょう。
ＩＨ調理器具で行ったのは水とサラダ油を使った実験です。
油が開封から時間が経過するほど酸化することは、皆さんご存知だと思います。その酸化しやすい油を、食材を最も酸化させるＩＨ調理器具で調理し、二つの分電盤でどれほどの差が出るのかを調査したのです。

こうした厄介な酸化を「ＭＩＮＡＭＩ」によってどれほど止められるのかは、私にとっても大変興味のあることでした。

実験では、一般的な分電盤と「ＭＩＮＡＭＩ」、それぞれを通した電気でＩＨ調理器具を使いました。油の加熱前と加熱後のｐＨ数値を計測したものが次の表です。

一般的な分電盤の電気を使ったほうは、調理前のサラダ油のｐＨ値が６・４で

●一般の分電盤と「MINAMI」による酸化検証実験

		常温水（PH値）	沸騰（温度℃）	沸騰後→（50℃：PH値）	備考
①一般的な分電盤	水道水	7.4	100	1.6	酸性
	サラダ油	6.4	160	2.3	酸性
②MINAMI	水道水	7.4	100	8.1	弱アルカリ性
	サラダ油	6.4	160	14	アルカリ性
③ある放射エネルギー分電盤	水道水	7.4	100	3.5	弱酸性
	サラダ油	6.4	160	5.2	弱酸性

一般的な分電盤と「MINAMI」、それぞれを通した電気でIH調理器具を使用し、水と油を沸騰させて質の変化を調べてみたところ、一般的な分電盤は水、油ともに酸性化しましたが、「MINAMI」は、優れた抗酸化力を発揮しています。

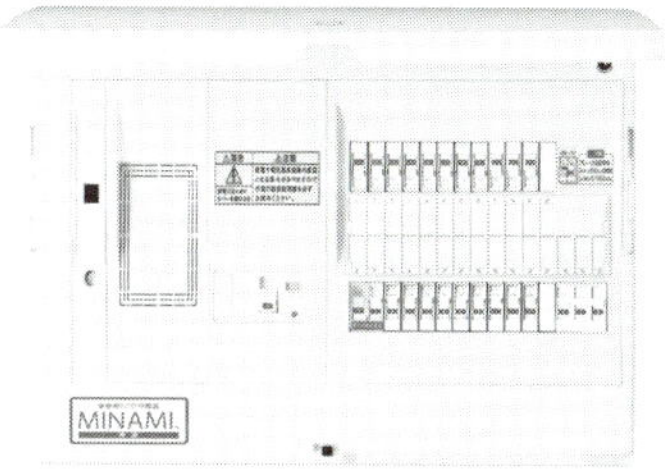

悪い電磁波を良い電磁波に変換する分電盤「MINAMI」。家全体の電気を良いものに変え、物質の酸化を防ぎます。

あったものが、調理後は2・3にまで強酸化しています。水もpH7・4から1・6に酸化しています。

一方、「MINAMI」の電気を使ったものは、サラダ油のpH値が6・4から14とアルカリ化し、水もpH7・4から8・1の弱アルカリ性に変わっているのがお分かりいただけると思います。

「MINAMI」の電気なら、加熱しても物質が酸化しないばかりか中性化及びアルカリ化するのです。つまり、人体に悪影響を及ぼすIH調理器具も、「MINAMI」によって人体に良い影響を与える調理器具となったのです。

この結果をご覧になった方の中には、「分電盤まで変えなくても、IH調理器具を使わなければいい」と思われる方かもしれませんが、その考え方は、危険かと思います。

私たちはさまざまな電化製品に囲まれて暮らしています。今の分電盤のまま電気を使えば、ＩＨ調理器具に限らず、電気の流れるところには必ず電磁波が発生し、物質を酸化させるのです。電子レンジ、湯沸しポット、電気炊飯器など、キッチンだけでもいろいろな電化製品がありますが、もちろんリビングでも、寝室でも、電気は使われているはずです。

それだけに、家全体の電気を良いものにすることが重要になるのです。

ＬＥＤ照明から良い環境を得る

また、分電盤の比較実験を、省エネの申し子ともいわれるＬＥＤ照明でも行ないました。

ＬＥＤ照明は、蛍光灯と比較しても大幅に電気代が節約できる優れものと言われ、政府の方針として、全ての照明を２０２０年までにＬＥＤや有機ＥＬなどの次世代照明とすることも決められています。

こうした方針からか、ＬＥＤ照明から発する光線を浴びると、人体に悪影響を与えるという事実は、あまり語られることがありません。

ある研究機関の発表では、ＬＥＤ照明の光が副交感神経を攻撃し、不眠症になる危険性が高いとの報告がありました。また、数年前に都内の水族館でマグロが大量死したとの報道がありましたが、その事態が水槽の照明器具の全てをＬＥＤに交換した時に起きたことは、報道されていません。

国の政策に不都合なことは、私たちの耳には届きにくいのです。

このように、健康被害を与えるＬＥＤ照明の光線が、一般的な分電盤と「ＭＩＮＡＭＩ」を通過した電気でどのように違ってくるのかを、脳波測定で検証しました。

●脳波測定で見る、一般の分電盤と「MINAMI」の違い

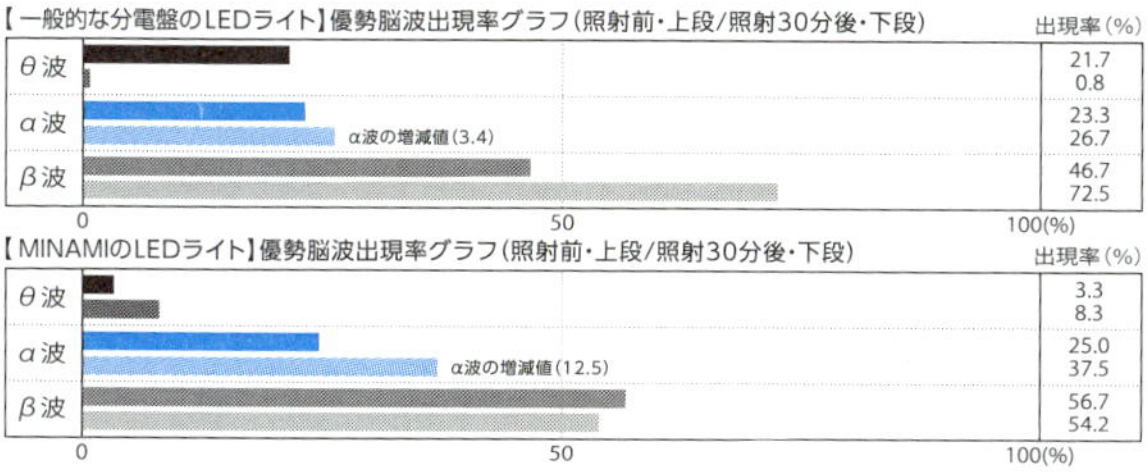

θとα波は数値が高いほど、ひらめき、記憶力、学習能力が活発になりリラックスできます。β波は数値が低いほど脈拍が遅くなり、緊張感が緩和されます。この試験結果からも分かるように「MINAMI」の良いエネルギーの効果によってストレスが軽減され、過ごしやすい環境に保たれます。

人の脳波は、その周波数によっていくつかに分けられていますが、今回の比較実験では、よく知られる三つの脳波、α波、β波、θ波の測定を行いました。

・α波は心身ともにリラックスしている時の脳波
・β波は仕事中など緊張状態にある時の脳波
・θ波はまどろんでいる時、瞑想状態の時に出る脳波

と言われています。

そして、α波とθ波は、数値が高いほどリラックスした状態で、ひらめきや記憶力、学習能力が活発になり、β波は、数値が低いほうが緊張が緩和された状態になります。

測定結果の中で特に注目して欲しいのは、β波とθ波の値です。

一般的な分電盤では、LED照明を点灯すると、β波の数値が大きく増加し、θ波の数値が著しく減少しています。

β波は数値が大きいほど緊張状態が高まり、イライラとなることから短気で怒りっぽくなります。また、θ波は、数値が低くなるほど落ち着かず、集中力がなくなってきます。

つまり、一般の分電盤の電気を使ったLED照明の下では、いくらお子さんに「勉強に集中しろ」、会社の社員に「仕事に集中しろ」と言っても到底無理なことなのです。

一方「MINAMI」の数値を見ていただくと、「MINAMI」のほうが、一般の分電盤に比べてα波、θ波の数値が高く、β波の数値が低くなっていることが分かります。しかも、LED照明を点灯する前よりも、全ての波長で格段に良い結果が得られていることが分かります。

ちなみに、私の会社では、分電盤を「MINAMI」に変えフロアの全てのLED照明が、身体に良い影響を及ぼす数値になっています。

それまでは、1日中パソコンを使って、ヘトヘトになっていたスタッフが、今では疲れないと言います。それどころか、「パソコンを使用すると体が楽になる」という感想が聞かれるようになりました。集中力も高まり、仕事の生産性も以前よりも高くなりました。分電盤を変えたことで、スタッフにも会社経営にも良い効果をもたらしたのです。

医師が認める分電盤の効果

現在、「ＭＩＮＡＭＩ」は「０宣言の家」の標準装備となっていますが、いちばん多く使っていただいているのは、実は病院です。

その中でも、電気を多用する歯科医院の占める割合が一番多いという現実があります。

埼玉県にある佐藤歯科クリニックの院長、佐藤恭子先生も、患者さん、スタッフの皆さんのために、「ＭＩＮＡＭＩ」の導入を決められたお一人です。

先生との出会いは、ある学会に講演者として招かれ、控え室でご一緒したことでした。「ＭＩＮＡＭＩ」と同様の特殊加工を施したペンライトを点けたところ、「木漏れ日のような光ですね。医院のＬＥＤ照明の光は、眩しく痛い感じがするのに、なぜ、そんなに優しく感じるの？」との質問をいただきましたので、ＬＥＤに特殊エネルギーを放射させたことで、光の分子の振動を環境に良い振動に変えているといった説明をしたところ、とても感動していただき、医院とご自宅の分電盤を「ＭＩＮＡＭＩ」に変えてくださったのです。

交換後のご感想を伺ったところ、「以前は、待っている間にイライラされることのあった患者さんが、分電盤を変えてからは、『先生、なんだか椅子が気持ち良くて寝ちゃったよ』と、おっしゃるほど穏やかで優しくなりました。本当は、治療台が変わったわけでなく、分電盤が変わったのですが、電気は目に見えないので勘違いされるようですね」と、楽しそうに話してくださいました。

もちろん先生ご自身も、「治療に使っているライトの光が眩しくなくなりました。２段階の調整ができるのですが、以前は眩しさを避けるために明るさの低いレベルで治療を行っていました。ところが、今は明るさの強いほうでも眩しくないんです」と、治療のたびにその違いを実感しておられるようです。

「ＭＩＮＡＭＩ」の導入で良い体感を感じられたのは佐藤先生や患者さんだけでなく、スタッフの方たちからも、「パソコンを長時間使用しても目の疲れもなくなり、肩こりもしなくなった」といううれしいお声をいただきました。

また、佐藤歯科クリニック以外にも、多数の医院で採用していただけましたが、どの医院でも、こうした良い感想を多数いただいています。

ただし、良い感想だけでなく、多くの医院から苦言をいただくこともあります。なぜなら、一般的な分電盤を使用している医院には通院しないほうが良いと、本当のことを講演会などで言ってしまうからです。さらには、講演会だけでなく、今まで通院していた歯科医院に、「今の分電盤のままでは怖くて治療できないから、変えるまで通院しない」と宣告したほどです。こうした話は、先生方も耳が痛いに違いないと思いますが、健康のプロとして環境にも気を使うことで、本物の医療に取り組んで欲しいとの思いがあるのです。

特殊セラミックの浄水器で良い水に変える

「MINAMI」の開発で、家の中の電気を良い状態で使えるようになりました。しかし、生活の中にはどうしても欠かせないものがもう一つあります。それは水です。

日本の水道水は世界でも高水準だとは思いますが、殺菌用の塩素を含んでいます。皆さんは、赤ちゃんを一番風呂に入れない方が良いというような話は聞いたことはないでしょうか。なぜなら、最初に湯船に溜めたお湯は塩素を多量に含んでいるため、小さなお子さんには刺激が強いのです。もちろん大人の方でも、塩素のお湯に浸かると、塩素が肌の油分を奪い、カサカサになることもあります。

また、お風呂だけでなくトイレの温水洗浄便座はさらに危険です。肛門は身体の外側の皮膚から内側の粘膜へと切り変わる入口です。高熱が出たときに座薬を使うのは、すぐに直腸壁の粘膜から吸収されて効き目が早く現れるからです。そんな場所に向かって塩素を含んだ水を吹きかけているのですから、塩素が体内に即座に入ってしまいます。

こうした人体への悪影響を払しょくするために、家中の水の全てを良くする建物の外部に設置する元付けの浄水器を開発したのです。

では、元付けの浄水器であれば何でもいいのかといえば、それも違います。浄水器の良し悪しは、浄水器内部に設置してあるセラミックで決まります。水は、コピー能力が高い性質があることから、セラミックの能力が低ければ水の能力は低くなり、高ければ水の能力も高くなるのです。

例えば、名水といわれる水が滝などの良い鉱物がある場所に多いことは、ご存知かと思います。では、なぜそうしたところに、名水があるかといえば、水がそのコピー能力を発揮し、鉱物に触れることで鉱物の持つ良いエネルギーをコピーすることから良い水となるのです。

このような自然界のサイクルに気づいた方が浄水器を発明されたと言われています。ということは、良い水を作るには、良いセラミックが必要になります。

そこで、まずは良いセラミックの開発から取り組んだのです。

セラミックの原料は、自然界の土ですから、良い土を使用しなければいけないことから、日本中、いや、世界中から土の情報を収集し、5年という長い月日をかけて素晴らしい土を見つけ出したのです。

その土は、東北のある場所に存在します。その地は、どれだけ工場廃水が放流されても水が澄んでいます。また、その土地を調査すると数億年前の海底が、隆起したことが分かりました。海底であったことから、海の生物の化石が発見されることも珍しくありません。しかも、その土には、多数の良質なミネラルと微生物を含んでいることも検証の結果判明しました。

土を選定した後は、セラミックへの加工です。企業秘密のため詳細は控えさせていただきますが、かなりの高温で焼くことで強度の高いセラミックとし、そのセラミックに特殊エネルギーを放射させ完成させるのです。

こうした手順で出来上がったセラミックは、世界一と自負しています。

では、何を指して世界一かといえば、それは、遠赤外線の放射率です。このセラミックの遠赤外線の放射率は25℃の常温で、なんと、92％も放出するのです。この数値がどれほど凄いかといえば、炭は遠赤外線を多く放射すると言われますが、800℃の高温に熱しても放射率が39％です。常温で92％というのがどれだけ凄い数値かはお分かりいただけると思います。

このセラミックを通した水道水は、遠赤外線効果とマイナスイオンの発生により、身体の細胞の活性化、免疫力の向上、老廃物の排出、身体の機能向上など、健康面でも安心して使える水に変わります。

私の知る限り、世界でいちばん遠赤数値の高いセラミックを使用した浄水器なのです。

こうしたさまざまな方法により、悪いエネルギーを良いエネルギーに変換することで、「0宣言の家」は、真の健康住宅としての役目を果たしているのです。

第4章まとめ

住環境で人を健康にする

工業化製品の家が病いを招く

・ログハウスに住んでお子様のアトピー性皮膚炎が治った。
・工業化製品の家に住んでアトピー性皮膚炎を発症、あるいは悪化した。
・工業化製品は、人の自然治癒力を損なう。

放射エネルギーを住まいに応用する

・姉のがん、私の膵炎で、目に見えない「エネルギー」の存在を実感。
・ある放射エネルギーとの出会いで、「悪いものをなくす」ことから「悪いものを良いものに変える」という発想に転換。

特殊なエネルギーを用いた技術

・高いエネルギーを放射してつくった水「ゼロワンウォーター」。
コンクリートや漆喰、外壁塗壁材に混ぜることで、建物全体のエネルギーを高める。
→酸化現象が起こらず、ホコリ、カビ、水垢、雨垢、油汚れを防ぐ。
・悪い電磁波を良い電磁波に変える分電盤「MINAMI」。
→IH調理器具で調理しても、水や油が酸化せず、抗酸化作用を発揮。
→LED照明の悪影響を良い影響に変える。
・特殊技術のセラミックを使った外付け浄水器で家中の水を良くする。
→遠赤外線効果とマイナスイオンで身体を活性化し、免疫をアップ!

「0宣言の家」は、自然素材にこだわるだけでなく、
特殊なエネルギー技術を施した
資材、分電盤、浄水器で、
住まい手の健康を増進する!

ハウスメーカーへの質問例

"魔法の言葉" に惑わされないための、チェック問答例

Q

LEDは体に悪いと聞いたけど、大丈夫？？

A

「分かりません」とか、簡単に「大丈夫」などと答える業者には要注意。

こちらも本文でご説明しましたが、LED照明の発する光を浴びると、集中力がなくなり、イライラして怒りっぽくなります。また、ある研究機関の調査では、LEDの光によって不眠症になる危険性が高いことが報告されています。LED照明を使えば白熱灯や蛍光灯よりも電気代の節約にはなりますが、その光で体に悪影響を与えてしまうのは本末転倒だと思います。こうしたことを知らずに、電気代のシミュレーションだけで提案してくる業者には要注意です。

Q

電磁波が気になるのだけど？

A

「そう言う人もいますが、みんな使っていますから、大丈夫ですよ」などと答えるハウスメーカーには要注意。

家の中には、たくさんの電化製品があります。電磁波が体に悪影響を及ぼすと聞いても、「みんな使っているから」と、その健康被害を意識しない人が多いのです。しかし、だからといって放置してよいというわけではないはずです。第4章の中でご紹介した通り、ほとんどの電磁波は、人体に悪い影響を与えているのです。
また、「気になるなら、オールアース住宅にしてはどうでしょうか」と提案するハウスメーカーもあるかもしれませんが、それで電磁波の量を削減はできても、ゼロにすることはできません。

健康住宅を
さらに進化させる

第5章

思いだけでは、人は分かってくれない

アトピー等を改善する真の健康住宅造りが可能となった私は、かなり有頂天でした。「病気を改善してくれる家なのだから、誰もが欲しがるに違いない」と、相当鼻息も荒かったと思います。

その当時は、経営していた建築会社を譲り、コンサルタントという立場で講演活動をしていたため、「第三者的な立場の私が言うのだから、信憑性も高い」との思いもあり、とにかく自信満々でした。

しかし、その自信もほんのわずかな期間で、単なる過信であると気づかされることになったのです。

多くの方の病気の改善事例や、健康資材のデータを取得していた私は、「本物の健康住宅セミナー」という、〝健康〟を前面に打ち出したセミナーを行ってい

たのですが、それを聞いた方の声は、「家で健康になるなんて、信じられない」「医者でもないのに、そんなことができるはずがない」「胡散臭《うさん》い」などと、否定的なものばかりで、素直に納得していただける方はほんの一握りでした。

こうした展開になるなんて微塵も思っていなかった私は、さすがに落ち込みました。そして同時に、自分の甘さ、医師という職業の社会的知名度を強く思い知らされたのです。

しかし、世間一般の考えでは想像がつかないことでも、数多くの方の疾病が改善されたのは事実なのです。以前の私の姉のように病気に苦しんでいる方やその家族に、私の技術を知っていただきたいという思いは強まるばかりでした。

多くの方にこのことを知ってほしい。そんな気持ちで私が起こした行動は、病院まわりでした。社会的地位が高く、健康の専門家でもある医師に、私の家造りが健康増進につながることを証明してもらえば、多く方に信用していただけるだろうと考えたのです。

知り合いの紹介はもちろん、時にはアポイントなしでも、病院訪問を繰り返したのですが、全く受け入れてはもらえませんでした。まさに、惨敗です。

とはいえ、10年近い年月をかけて確立した技術とデータです。多くの方を間違いなく幸せにできる技術です。絶対に諦めるわけにはいきません。

その頃の私は、寝ても覚めても「話を聞いていただけるドクターは、いずこに」という状態で、人と会う機会があれば、発する言葉は必ず「私なんかの話でも素直に聞いていただけるお医者さま、どこかにいませんか?」でした。

安日《あじつ》純先生との運命的な出会い

ほぼ半年間、毎日これを繰り返していたところ、ついに運命的な出会いを果たす日が訪れました。

それは、山形県で歯科医院を開業されておられる高畠歯科クリニックの安日純理事長との出会いです。

人の出会いとは面白いもので、山形の安日先生を紹介してくださったのは沖縄の方なのです。当時は会社を売却したことで、23年にも及ぶ経営でボロボロになった心を癒すために大好きな沖縄を度々訪問していたのです。しかし、癒しのはずの沖縄でも、私の心のほとんどは、話を聞いていただける医師のことばかりです。バカンス先の沖縄の地でも、お目にかかる方のほとんどにこの言葉を連発していたのです。

そうした言葉を繰り返していると、ある女性が「私が以前、働いていた歯科医院の先生は、そういう話が大好きですし、澤田さんとは気が合うと思いますよ」と教えてくれたのです。その言葉を聞いた私は、即座に、連絡先を聞き出し電話をかけたのです。猪突猛進とは、まさにこの時の私そのものです。

大興奮した私は、相手のことなんてお構いなしです。「沖縄に来ていますから、今すぐにでも、伺わせてください」と、ものすごい勢いで申し上げたのですが、安日先生は返答に困られたのか、絶句でした。よくよく話を聞いてみると安日先生が、絶句されたのも納得でした。なぜなら、安日先生は、沖縄の方ではなく山形県在住だったのです。

私としては、沖縄の方の紹介だから沖縄の方に違いないとの思い込みと、とにかく早くお会いしたいという気持ちが、こうした勘違いを起こしてしまったのだと思いますが、安日先生は「なんて強引で失礼な人なのだろう」と思われたそうです。しかし、私の熱い想いを語るとすぐに理解していただくことができ、翌週の山形訪問を承諾していただけたのです。

訪問した私の安日先生への第一印象は、「とても温和そうな方だな」というものでした。

そして、挨拶をし、お話しするにつれてその印象は確信に変わり、さらに尊敬へと変わっていきました。また、大変うれしいことに、「澤田さんの家はすごいよ」と、私の技術も、僅か一時間ほどの短時間で理解していただけ、全面協力を即断してくださったのです。

その後、なぜ、即断で応援すると決めたかを説明してくださいました。その理由とは、私が住宅業界でやってきたことと、安日先生が歯科業界でやってきたことが、業界は違えども方向性が同じだったからと説明していただけたのです。その時の感動と言ったら10年経った今でも忘れません。

多くの医師に門前払いをされてかなり落ち込んでいた私には、まさに神の言葉だったのです。

また、安日先生は歯科業界の真実も赤裸々に話してくださったのですが、その内容はとても衝撃的なものでした。

家造りと直接関わるものではありませんが、読者の皆さんにも必ず役立つことだと思いますので、少しだけお話させていただきます。

まず、虫歯の治療に金属を使用すると、健康に害を与えるということ。金属治療だらけの私は、特に大きなショックを受けました。

さらに、歯を削る治療は、数年で歯がだめになり抜歯する可能性が高くなることから、削らずに薬だけで虫歯菌を殺し、穴の開いた部分にセラミックを詰めるという治療方法がおすすめだということ。神経を抜く治療も、神経を抜いた穴から菌が体に侵入してしまうことから、万病の原因となるということも初耳でした。

虫歯は削って治療、それが痛ければ神経を抜く、そして金属を埋め込む。歯科治療といえば、ほとんどの人がそう思っているのではないでしょうか。しかし、そうした治療は、体には良くないことばかりだそうです。当時の私は、まさか、世の中に削らない歯医者さんが存在するなんて、思いもよりませんでした。

また、虫歯予防にフッ素を塗布する方法がありますが、実は、歯が石灰化して虫歯になりやすくなり、しかも、脳に多大なる悪影響を及ぼすことから、やらない方がいいとも教えていただきました。

私は、安日先生のお話を聞いて、どの業界も同じだなと思いました。

フッ素も金属も、厚生労働省が推進しているので、健康保険が使えます。片や歯を抜かない治療は、どんなに良い治療法でも保険適用外なのです。患者さんにとって良くないものでも、なにか巨大な力があれば正義になってしまうのです。

そして、以前の私のようにお金のために、そうした力を利用するのです。

まさに、どの業界も似たり寄ったりです。

安日先生は、こうした理不尽で患者さんのためにならない治療を一切行わず、抜かない、削らない治療に力を注いでおられます。そんな先生に、私は尊敬の念を抱かずにはいられなかったのです。

矢山利彦先生とバイオレゾナンス医学会

安日先生との出会いがなければ、今の私はないと言っても過言ではないほど、運命的なご縁をいただきました。安日先生にお会いしてから運気が良くなったのか、不思議と心の素敵な医師との出会いに恵まれるようになりました。

中でも、矢山利彦先生との出会いは、安日先生同様に、私の人生を激変させました。

矢山先生は、佐賀県でＹ・Ｈ・Ｃ・矢山クリニックの理事長として運営だけでなく自ら患者さんの診察や治療を施しておられます。

まずは、矢山先生の素晴らしい医学観を説明させていただきます。

「人は治るようになっている」が、矢山先生の根本的な考えです。

どういう意味かといえば、現代医学では、病気になったら臓器などを切って捨てる、薬で抑えるのが主流ですが、それは本当に治るということではなく、治るとは、自身が免疫や治癒力を高めることで自然治癒することであり、医師としての仕事は、そうした力を高めるのを手助けすることであると常々おっしゃいます。また、それを実現するには、西洋医学だけでは不可能であることから東洋医学やドイツの波動医学「バイオレゾナンス」も取り入れておられます。

「バイオレゾナンス」とは、１９７０年代にドイツのパウル・シュミットという人によって確立された治療法です。シュミットは、地球上にある全てのものが固有の振動を持っているとし、同じ振動数をもつものはレゾナンス（共鳴）という現象を生じるはずだと科学的に考え、この現象を発見したのです。

分かりやすくいえば、人間は60兆個の細胞からできており、健康な方は全ての波動が同じなのに対し、悪い箇所があれば、その部分の波動は違う振動を出すことから、体の波動を測定することで病気を見つけるという考え方なのです。

矢山先生は、この「バイオレゾナンス」の考え方を取り入れ、東洋医学と西洋医学が共鳴した新たな医学「バイオレゾナンス医学会」を設立されたのです。

私も、度々、この団体の勉強会で環境と健康の関連性についてお話しさせていただいていますが、この会に参加される医師の方々は、医師としての志が高いように感じます。

健康住宅を手掛けるようになって10年以上、日本全国でたくさんの医師に会いましたが、その多くは、患者の病気を治すよりお金儲けが目的のように感じました。前述の安日先生のお話のように、患者さんの体に良くないと知っていながら、巨大な権力にしがみつき治療を続けているような方たちです。

しかし、「バイオレゾナンス医学会」に属しておられる医師の皆さんは、病気を治すことを第一の目的とし、患者さんの体に悪いことであれば厚生労働省が推進することでもやらないという真の医学を志しておられる方ばかりなのです。

病気の原因と住環境

矢山先生は、これまで延べ1万5000人の患者さんを診察した経験から、病気の原因は次の五つに集約されるとおっしゃいます。

①金属汚染
②電磁波
③潜在感染（ウィルス、細菌、カビ、寄生虫など）
④化学物質
⑤精神的ストレス

これら五つの原因のうち、②③④に関しては、住環境が大きく関わっており、室内の空気が重要だとも矢山先生はおっしゃいます。

お気づきの方もおられるかもしれませんが、②電磁波、③潜在感染、④化学物質というのは、私の家造りにおいて取り組んできたテーマなのです。先生に、このお話を聞いたときは、方向性は間違いではなかったと「0宣言の家」が誇らしく思え、飛び跳ねんばかりに喜んだものです。

病気と断熱性能の因果関係

最近では、病気が断熱と大きな関わりがあることも、多数の研究機関で調査されています。では、ここで近畿大学の岩前篤《あつし》教授が実施した調査を報告させていただきます。

喘息・喉の痛み・咳・手足のかゆみ・目のかゆみ・結膜炎、鼻炎などの症状で

●住まいの断熱と医住者の健康の関係

〈各種疾患の改善率と転居した住宅の断熱性能との関係〉

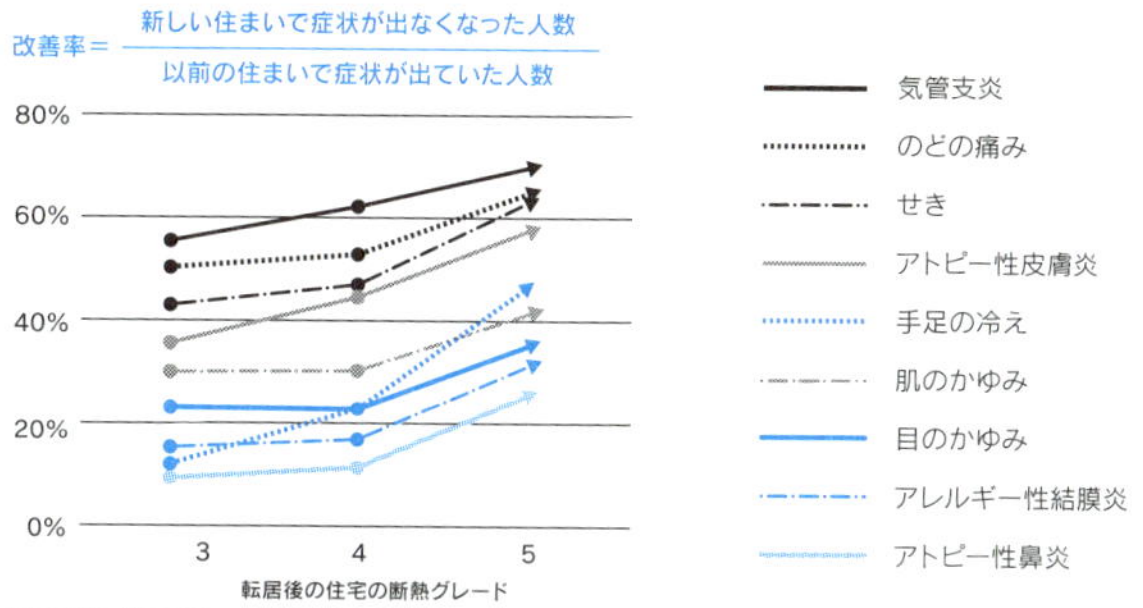

グレード3=Q値4.2（新省エネ基準レベル）、グレード4=Q値2.7（次世代省エネ基準レベル）、グレード5=Q値1.9

近畿大学の岩前篤教授の実施した調査では、断熱性能の高い家に転居された方ほど、疾病の改善率が高くなっていることが分かります。

〈断熱住宅への転居前後の有病割合の変化〉

病　名	転居前		転居後
・アレルギー性鼻炎	28.9%	→	21.0%
・アレルギー性結膜炎	13.8%	→	9.3%
・高血圧疾患	8.6%	→	3.6%
・アトピー性皮膚炎	7.0%	→	2.1%
・気管支喘息	6.7%	→	4.5%
・関節炎	3.9%	→	1.3%
・肺炎	3.2%	→	1.2%
・糖尿病	2.6%	→	0.8%
・心疾患	2.0%	→	0.4%
・脳血管疾患	1.4%	→	0.2%

全ての項目で有病率の減少が確認できた

「全国1万軒転居者調査」の調査結果では、断熱住宅に転居された後、全ての有病割合が減少していることが分かります。

病院を訪れた患者さん10万人に断熱性能の良い家に転居を勧めたところ、前ページのグラフ上にあるように断熱性能の高い家に転居された方ほど疾病が改善されたのです。

また、この後でご紹介する首都大学東京の星先生、慶應義塾大学の伊香賀《いかが》先生が実施された「全国1万軒転居者調査」（前ページのグラフ下）にあるように、暖かい家に転居された方は、全ての疾病が減少しています。

この結果からも、寒い家が人の健康に好ましくないということがお分かりいただけると思います。また、そうした家は、第1章でお話ししたように温度差から結露を起こしやすく、カビとダニの原因となります。ダニは、万病の元であることから、ダニが発生しにくい温度差のない暖かい家に住むことで、病気が改善されたと考えられます。

「ダニのいない家」は建てられる

矢山先生は、ダニがアレルギー疾患だけでなく、慢性間接リウマチや、クローン病、ネフローゼといった自己免疫性の疾患などにも関与する、万病の元だとおっしゃいます。

そんなダニが家にいては健康住宅とは言えません。

そうしたことから「0宣言の家」には、ダニがいないことを証明しなければいけません。そこで、それを証明するために「0宣言の家」と一般の家での、ダニの存在調査を矢山先生に依頼させていただいたのです。

矢山先生は、「ゼロ・サーチ」という波動数から病気を見つける医療器具を発明されておられます。「ゼロ・サーチ」では、病気だけでなく体内にあるピロリ菌などの微生物も見つけ出すことができるくらいですから、ピロリ菌よりも大き

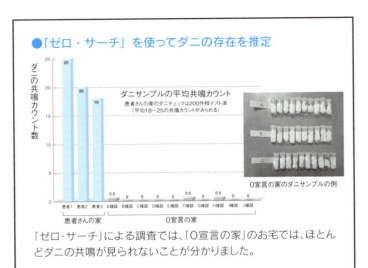

●「ゼロ・サーチ」を使ってダニの存在を推定

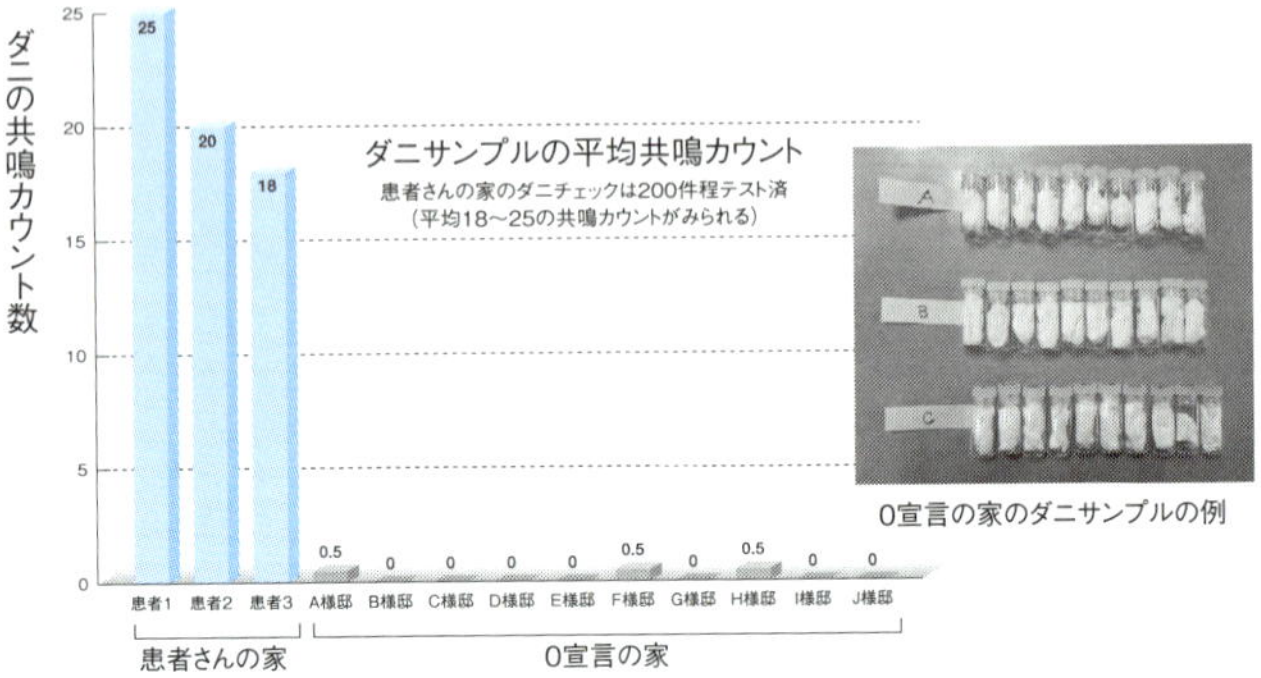

「ゼロ・サーチ」による調査では、「0宣言の家」のお宅では、ほとんどダニの共鳴が見られないことが分かりました。

なダニを見つけることは容易なことなのです。

上のグラフがその調査結果をご紹介しているものです。

一般の家に住む矢山クリニックの患者さんの自宅には、多数のダニが存在するのに対して、「0宣言の家」には、ほぼダニが存在しません。この結果からも「0宣言の家」は、ダニによる病気のリスクが非常に少ないといえるのです。

「ゼロ・サーチ」を使用してダニの調査をしたのが、2年前です。

当時は、とても画期的なことでしたが、今では医薬品メーカーが開発したダニ判定薬が活用され学校などでは年に一度の判定が義務付けられています。

その判定は、短時間で誰でもできることから、今では数百件以上の家の調査結果もあるほどです。読者の皆さんの中で、ダニ判定を希望される方は、住医学研究会事務局までお問い合わせください。

では、一般の家でダニがいる場合は、どう対処するのかといえば、「ゼロワンウォーター」同様、放射エネルギーの技術で開発した「環境改善水」を噴霧することで、殺虫剤などの劇薬などに頼らなくてもダニ退治ができるのです。

「環境改善水」を噴霧された方からは「鬱《うつ》が治った」「認知症が軽くなった」「カビ臭くなくなった」「森林浴をしているような空間になった」など多数のうれしい報告もいただいています。

寒い家が病気をつくる

断熱性能の悪い家は、結露やカビ、ダニが発生しやすいと書きましたが、断熱性能が悪ければ当然、室内は夏暑く、冬寒いということになります。

実は、この寒さも健康に大きく関わっています。

皆さんは、1年間に住宅内の事故で亡くなる方がどのくらいいらっしゃるか、ご存知でしょうか?

その数は、実に1万5千人と言われています。なかでも浴室内の溺死事故で亡くなる方は年々増加傾向にあり、2012年では約6千人もの方がお亡くなりになったそうです。

浴室内で溺死する原因の一つが、ヒートショックという現象です。

ヒートショックは、暖かいリビングから寒い脱衣所や浴室に移動し、すぐにまた熱い湯船に移動するという急激な温度変化が血圧の急上昇・急低下を招き、心筋梗塞、脳出血、脳梗塞などを起こすというものです。

また、急激な温度変化という点ではトイレも同様です。

この点について、大変興味深いエピソードがありますので、ご紹介させていただきます。

今ではほとんど見かけませんが、かつての日本では、トイレが屋外にあることが一般的でした。そのため、寒い冬に暖かい布団を出て屋外のトイレに向かい、そのままトイレの中で脳出血などを起こして亡くなるという事故が多数発生したそうです。

こうした事故が多発したことが、トイレが屋外から屋内に設置されることになった要因の一つだそうです。また、そうした改良前後の結果を長野県の佐久総合病院がデータ化したことで、ＷＨＯ（世界保健機関）が認め、全ての人に健康を届けるために採択した「健康づくりのためのオタワ憲章」（1986年）で、健康づくりに欠かせない前提条件として、「平和」に次いで2番目に「住居」を取り上げることになったのです。日本のトイレの問題から、住環境と健康が深く関わっていることを世界に知らしめたのです。こうしたことからも、日本の住環境に対する意識はもっと高くなってもおかしくはないのですが、そうなっていないのは悲しいばかりです。

寒さと血圧の関係については、慶應義塾大学の伊香賀俊治教授が大学の研究チームとともに高知県、山口県、山梨県などに住む200世帯の方々の協力のもとで行った調査により、断熱性能の重要性を示しています。

各世帯で「室温が10℃下がると血圧がどう変化するか」を測定したところ（次ページグラフ参照）、40歳未満の人はほとんど影響が見られなかった一方、40代から上の世代では血圧が上昇し、70歳以上では8mmHg近くもの上昇が見ら

●室温10℃低下時の年代別血圧上昇

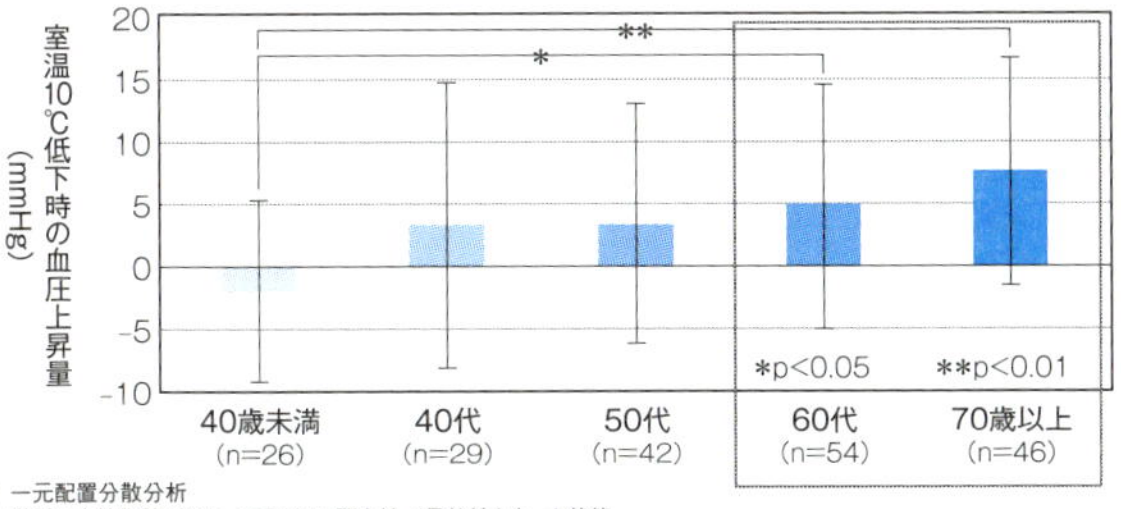

※1 一元配置分散分析
※2 動脈に中性脂肪がたまって硬くなり、弾力性／柔軟性を失った状態

部屋間の温度差が10℃あると、40歳以上の方の血圧は、5〜8mmHgほど上がり、高齢になるほど血圧上昇が見られるようになります。断熱性能が低い家は、屋内の各所に温度差が生じやすいので、注意が必要です。

れたという結果が得られています。

分かりやすく言うと、部屋間の温度差が10℃あれば40歳以上の方の血圧は、5〜8mmHgほど上がるのです。

こうした結果から、「高齢になるほど血圧上昇がみられるようになるため、できるだけ若いうちから断熱性能の良い家に住むことで、高血圧発症の割合が何分の一にも抑えられると推測できる」と伊香賀教授はおっしゃっています。

断熱性能が低いと、部屋ごとに閉

め切って暖房を使うため、屋内の各所に温度差が生じます。室温の変化により血圧の上昇・低下が繰り返されるのは、体にとってはいいことではありません。

しかし、住宅展示場で営業マンの説明を聞いていると、自分たちの建てた家の断熱性能の低さを語ることはなく、「ヒートショック対策も大切ですね」と言いながら、浴室暖房器や床暖房を提案するのです。


断熱工法から見直していけば、機械に頼らなくても室内の寒さ、暑さを解決できるのに、利益最優先の考え方では、本当に住み手のことを思いやった提案は出てきません。機械に頼らない「本当に良い家」こそが、ダニの発生や血圧の上昇を抑え、健康をもたらすのです。

こうした私の取り組みが、矢山先生や教授との出会いにより証明されたのです。

共感し合える存在、高橋義男先生との出会い

「0宣言の家」の実績が増えるにつれ、この家造りを応援していただける医師との出会いも加速しました。また、我々の家造りを応援していただける医師の方は、医師としての実力だけではなく、人間的にも素敵な方が多いのです。

北海道のとまこまい脳神経外科など複数の病院で小児脳神経外科部長を務めておられる高橋義男先生は、その代表的な方です。

重篤な水頭症や脳腫瘍、頭部外傷など、他の病院では「治療できない」と断わられてしまうような患者さんを受け入れ、30年間で約5千人のお子さんの命を救ってきた、小児脳神経外科界の「赤ひげ先生」です。

さらに先生は、外科的な治療だけにとどまらず、障がい児の積極的な活動を支援する団体「にわとりクラブ」や、ハンディキャップのある子どもの水泳療育に

取り組む「ほっかいどうタンポポ」を設立し、お子さんたちの支援に30年以上も取り組んでいらっしゃいます。「治らないかもしれない」という不安を抱えるご家族に「必ずチャンスはある」と声をかけ続け、二人三脚でお子さんの病気や障がいと戦う姿は、ドキュメンタリーマンガ（『義男の空』・エアーダイブ）でも紹介されています。

私も、実際に先生にお目にかかり、先生の考え方や温かなお人柄にすっかり魅了されました。

先生は、医療の原点は、「命を救う」だけでなく、人として「生き抜かす」ことだとおっしゃいます。

「生き抜かす」とは、社会の中で自分らしく生きていくということです。たとえ障がいがあっても、社会に生かされるのではなく、自分らしい社会生活を営んで生きる。これが人としての原点だとおっしゃっていました。そして、「原点に戻るという点では、澤田さんも同じ」との言葉をいただいた時は、感動しました。

確かに、工業化の進む建築業界で自然素材に目を向け、手造りにこだわるのは、原点回帰だということです。

分野は違っても、共感し合える方と出会えたことは、とても心強いことです。

また、高橋先生も、住環境はできるだけ自然素材を使うほうがよいというお考えをお持ちです。病気や障がいのあるお子さんたちを支援しておられることもありますが、「エアコンなどの機械に頼ると一時的に心地よくても、人間に本来備わっている能力が失われてしまう。本当の快適は、ある程度負荷がかかっても身体機能を維持できることです」とおっしゃっていました。

人として生き抜く力を育ててくれる自然素材の家には、人の潜在能力を高める力があると思います。それは、病気や障がいのあるお子さんに対してだけでなく、健常な人に対しても同じことです。

誰もが幸せに暮らせる場として、「0宣言の家」をたくさんの方に知っていただかなくてはいけないという私の使命感は、高橋先生との出会いによって、さらに強いものになったことは言うまでもありません。

健康住宅を実現する「住医学研究会」

こうした先生方との出会いをきっかけに生まれたのが、現在の「0宣言の家」に関する活動母体となっている、「住医学研究会」です。

以前から志の高い工務店さんたちとともに「0宣言の家」を推進し、独自の研究や分析を行い、その結果を家造りに活かしてきました。

そうした活動を続けてきた私たちが、たくさんの医師や研究者とのご縁をいただいた結果、「住まい」と「医学」を融合させた、「本物の健康住宅」造りをするグループを発足することができたのです。

研究会の理事長は、矢山先生が務めてくださることとなり、矢山先生の医療に共感する「バイオレゾナンス医学会」の先生方も多数活動に参加してくださっています。

かつては、「放射エネルギー」と言うと、「宗教にハマったのか？」と全く相手にしてもらえなかったものが、今では多くの医師や研究者の方々が応援してくださっているのですから、諦めずに続けてきて良かったと心底思います。

しかも、同じベクトルの方ばかりですから、話が進むのもスピーディであり、日に日にレベルが上がっています。やはり、志の同じ仲間と一緒に仕事をすることは、好結果につながるものです。

「住医学研究会」の発足後、私たちの調査・研究活動はさらに活発になっています。主に住まいと健康の関わりについて、お施主様にもご協力をいただきながら、多くの大学や研究機関の先生とエビデンスを積み上げ、「0宣言の家」をより良く進化させるための地道な努力を積み重ねているのです。

活動の背中を押す追い風

「0宣言の家」が本物の健康住宅であり、多くの仲間とともに活動がどんどん加速していく心強さを実感する一方で、私には、一つだけ心にひっかかることがありました。

「0宣言の家」が人の体に良い影響を及ぼすことは間違いないのですが、日本には薬事法（正式名称は、医薬品医療機器等法）という法律があり、販売や広告の表現に厳しい制限を受けるのではないかと思ったのです。

薬事法は、医薬品や医療機器、化粧品等の品質や有効性、安全性の確保などを目的に規制を行うものです。人の健康に関わることだけに、とても慎重な物言いが求められるのは分かるのですが、例えば、「0宣言の家」がどれほど良い家であっても、「体にいい」「人を健康にする」といった言葉が使えないのではないか、使用するとルール違反ではないかという不安があったのです。

しかし、大変うれしいことに、ここでも私に追い風が吹いたのです。以前から私の活動を支えてくださっている顧問弁護士の先生に、私の薬事法への不安をお伝えしたところ、先生ご自身でいろいろと調べ、一つの見解を示してくださったのです。

それによれば、住宅は住むことを目的に建てられるものであり、医薬品や化粧品等を規制する薬事法の対象には当たらないとのことでした。

つまり、「『0宣言の家』に住んだら、健康になった。病気が治った」と話しても、それは何のルール違反でもないことが分かったのです。

こうした法律のプロのアドバイスをいただけたことで、私の心のつかえは取れ、さらに前向きな気持ちになりました。たくさんの仲間に感謝し、その力を得ながら「さらに前進あるのみ」と誓ったのです。

進み始めた健康調査

東京オリンピックが開かれる２０２０年、日本の健康産業は10兆円規模まで拡大すると言われており、こうした世の中の動きを背景に、今後さらにニセモノの健康住宅は増えていくと思います。

そうしたニセモノの健康住宅との違いを明確化するために、「住医学研究会」では大学や第三者の調査機関等に、さまざまな調査を依頼し、多数のエビデンスを取得しています。そうした調査に、最も協力していただいているのが、首都大学東京の名誉教授である星旦二《たんじ》先生です。

星先生に協力していただけるようになったのは、４年ほど前に私のセミナーに参加してくださったことがきっかけでした。

星先生は15年ほど前に大手ハウスメーカーでご自宅を新築されていたのですが、冬の寒さ、雨漏り、結露、カビによるダニの発生などが原因で、リフォームを検討しておられ、私のセミナーに参加してくださったのです。

私の話を聞かれた星先生は、ご自身の目指している健康を促進する環境と「0宣言の家」は、まさにマッチしていると思われたとのことです。そうしたことから、その場で、「0宣言の家」仕様でのリフォームを決断されたのです。

リフォームを決断されたことで、工事前に先生のご自宅の調査に訪問させていただいたのですが、先生のおっしゃった通りカビ、雨漏り、断熱の悪さは相当なものでした。そうした調査から、断熱性能を重視したリフォーム工事となったのです。

リフォーム前は、寝室の最低気温が6℃だったものが、リフォーム後は12～13℃となり、冬の朝が辛くなくなっただけでなく、結露やホコリ、ダニなどの問題も解決したとのことでした。

また、それまで奥様の血圧が１６０ｍｍＨｇを超え、大変心配されていたのですが、リフォーム後は低い数値で安定しているとのこと。先生ご自身も体調が良くなり、「早く家に帰りたくなった」との感想を会う度におっしゃられます。

こうしてご自身が「０宣言の家」の良さを実感されたことで、星先生は、「良い家をもっと広めよう」と、住医学研究会の理事になってくださり、日本各地の健康セミナーで、ご自身の体験談や研究成果をお話しくださっています。

星先生は、公衆衛生のエキスパートであり。全国の地方自治体などと協働し、寿命とさまざまなファクターとの関連を大規模調査するなど、「健康長寿」に関する研究をしておられます。多くの大手企業から、お誘いがあるにもかかわらず、私たちの会に属してくださり、力を貸してくださっています。

中でも、「０宣言の家」に住んでおられる五千人の方の入居後の体調を調査し、データ化していただけたことで、「０宣言の家」が、真の健康住宅であるとの証明ができたのです。

「CASBEE」が証明する「0宣言の家」の効果

その調査とは、「CASBEE」と言われる調査です。

「CASBEE」は、2001年に国土交通省住宅局の支援のもと、産官学協働プロジェクトの中でつくられた〝建物を環境性能から格付けする〟評価システムです。居住者自身が住まいの健康性を評価するもので、20項目の簡単な質問に答えるだけで、現在の住宅環境が健康に影響を与える要素を見つけ出すことができます。

次ページの表は、居住者の健康を支える住まいの健康度を診断する「CASBEEすまいの健康チェックリスト」の評価結果の平均値を集計したものです。

●「CASBEEすまいの健康チェックリスト」による調査結果①

「CASBEE（建築環境総合性能評価システム）」は、建築物の環境性能を評価し、格付けする方法です。省エネルギーや環境負荷の少ない資機材の使用といった環境面はもとより、室内の快適性や景観への配慮なども含めた建物の品質を総合的に評価するシステムです。評価で得られた総合スコアを全国調査、大手住宅メーカー、「0宣言の家」で比較したところ、「0宣言の家」の住環境性能が優れていることが分かりました。

！「0宣言の家」は、すべての項目で全国調査や大手住宅メーカーよりも住宅環境性能得点が高く優秀！

CASBEE 屋内調査項目	0宣言の家	大手	全国
① 夏、冷房が効かずに暑いと感じることはありますか?	2.2	2.0	1.8
② 窓・ドアを閉めても室内や外の音・振動が気になることはありますか?	2.2	1.9	1.8
③ 夜、照明が足りずに暗いと感じることはありますか?	2.5	2.4	2.3
④ 冬、寒くて眠れないことはありますか?	2.6	2.1	2.1
⑤ 冬、起きたときに鼻やのどが乾燥していることはありますか?	1.9	1.4	1.3
⑥ 窓・ドアを閉めても、室内や外の音・振動が気になって眠れないことはありますか?	2.6	2.4	2.2
⑦ 調理台の周辺にカビが発生していますか?	2.5	2.4	2.3
⑧ 狭さや高さなどのため無理な姿勢をとることはありますか?	2.7	2.2	2.2
⑨ 冬、浴室が寒いと感じることはありますか?	1.8	0.9	1.2
⑩ 嫌なにおいを感じることはありますか?	2.5	2.1	2.0
⑪ 冬、寒いと感じることはありますか?	2.1	1.1	1.3
⑫ 嫌なにおいがこもると感じることはありますか?	2.4	2.0	1.6
⑬ 段差で転ぶ危険を感じることはありますか?	2.8	2.2	2.5
⑭ 靴をはくときにバランスを崩すことはありますか?	2.7	2.2	2.4
⑮ 移動するときに照明をつけても足元が暗いと感じることはありますか?	2.8	2.5	2.5
⑯ 収納でカビや化学物質のにおいを感じることはありますか?	2.8	2.5	2.4
⑰ 家の中で虫が発生することはありますか?	2.2	2.1	2.1
⑱ 家のまわりですべる、またはつまずくことはありますか?	2.6	2.3	2.3
⑲ 防犯に不安を感じることはありますか?	2.5	1.9	1.9
⑳ 家の中で、外からの視線が気になることはありますか?	2.3	2.0	2.1

※最高は3.0点で、高性能であるほど得点が高い。
住まいと健康・家族に関する協同研究調査
（2014年11月～2015年7月までを分析）

●「CASBEEすまいの健康チェックリスト」による調査結果②

「0宣言の家」は、CASBEEすまいの健康チェックリストの総合スコアが高い

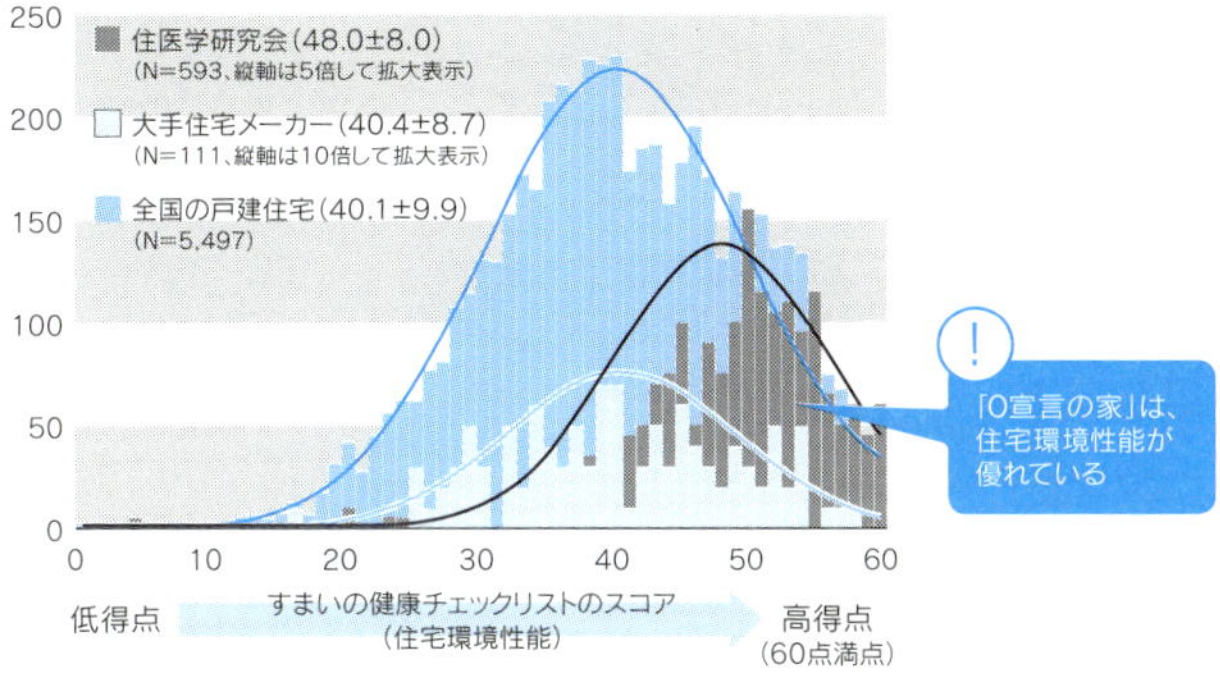

その結果を全国調査、大手住宅メーカー、「0宣言の家」で比較してみると、どの評価項目においても「0宣言の家」がもっとも高い数値を示していました。

先行研究において、「CASBEE」の総合スコアが高い住宅の居住者は有病割合が低く、健康であることも証明されていますから（300ページグラフ参照）、この結果を考えれば、総合スコアの上位グループに属する「0宣言の家」に住む方々についても持病が少なく、健康な方

が多いことが推測できます。

また、今回の調査で明らかになったことで特に注目したいのは、「0宣言の家」にお住まいの方の高血圧者の数の少なさです。

厚生労働省の「国民健康・栄養調査」や、前述の星先生、伊香賀先生たちが先行して実施されていた「全国1万軒転居者調査」の結果と比較してみると、「0宣言の家」にお住まいの男女とも血圧の値が全国平均より大幅に低くなっており、60歳の方の血圧は、全国の40代後半と似たような値になっています。これを血圧年齢で換算すると、12~14歳若いということになります。

女性においてはさらに差が大きく、全国20歳以上の最高血圧の平均値と比べると、11・1mmHgも実測値が低くなっています。年齢とともに血圧が上がりやすくなることを考えると、全国平均と比べても最低10年は長生きしそうだと推測できます（301ページ参照）。

この他、「0宣言の家」の居住者は、血圧だけでなく、糖尿病、脂質異常（高脂血症）、肥満といった生活習慣病の割合が低いこと、比較的痩せている女性が多いという特徴も見えてきました（302・304ページ参照）。

この結果報告の中で、〝痩せている女性が多い〟ということに興味を持たれる方も多いと思いますので、少し補足させていただきます。

実は、この〝痩せている〟秘密は、家で過ごす時間の長さと関係があるのです。

304ページの1日の歩数のグラフを見てみると、「0宣言の家」に住む方は、男女ともに一般の住宅に住む方よりも万歩計の数値が少ないことが分かります。特に女性の場合は、その違いが顕著で、一般的な住宅に住む女性より1日千歩近くも少ない数値となっています。一方、男性の場合は、会社通勤をされている方が多いためか、一般の住宅と比べても女性ほどの差がなく、定年を迎える60歳以

●住環境が居住者の健康維持増進に与える影響

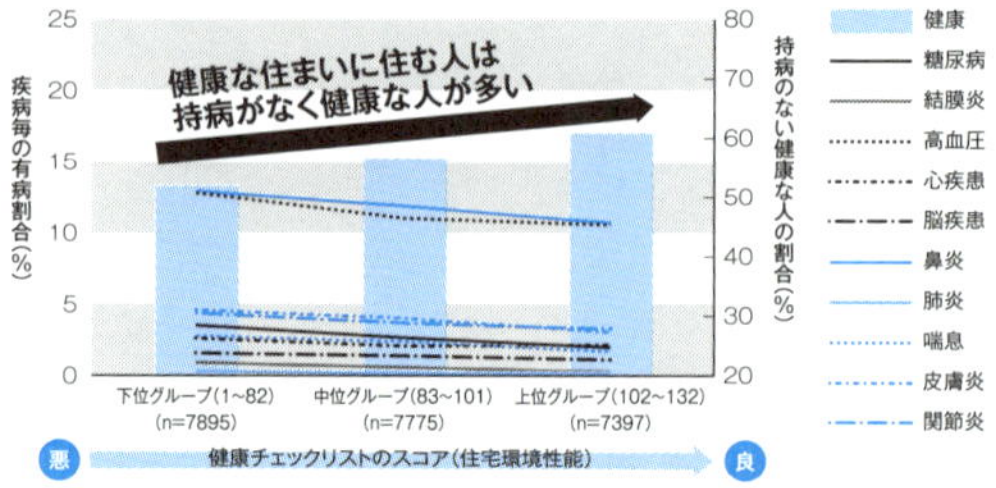

川久保俊、伊香賀俊治、村上周三、星旦二、安藤真太朗：住環境が居住者の健康維持増進に与える影響に関する研究
日本建築学会環境系論文集第79巻第700号、pp.555-561、2014年6月

先行研究において、「CASBEEすまいの健康チェックリスト」の総合スコアが高い住宅の居住者は有病率が低く、健康であることが証明されています。上記の結果から、スコアが上位グループに属する「0宣言の家」居住者も持病が少なく、健康な人が多いことが推測できます。

上になると差が開き始めています。

では、なぜ歩数が少なくなるのかといえば、それは、「0宣言の家」の環境が良いからです。居心地が良いため、できるだけ家にいたいと思うようになり、外出する機会が減るのです。一方、一般的な家は居心地が悪いために、無意識に外出することが多くなるのだと思います。

私自身、「0宣言の家」のお施主様にお目にかかるたびに、「以前は、何かと理由を見つけて外出していたけれど、『0宣言の家』に越してか

●「0宣言の家」居住者健康度（全国の調査データとの比較①）

「0宣言の家」居住者の世代別、性別にみた高血圧者の割合（全国比較）

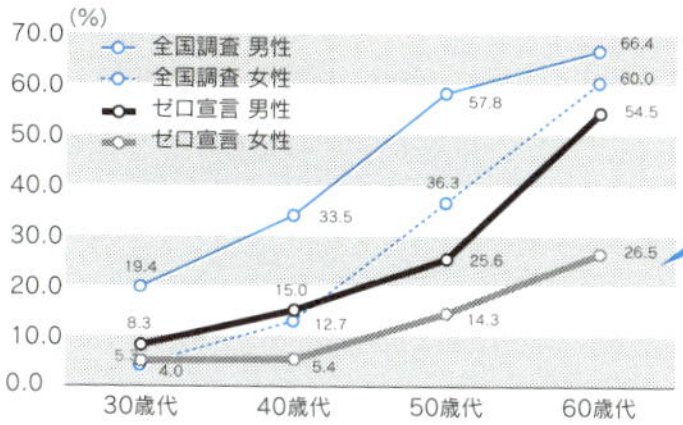

「0宣言の家」居住者には、
高血圧者が少なく、
血圧で見る限り12～14年も若い！

〈参考〉血圧の降圧目標値

	診察室血圧	家庭血圧
若年中年前期高齢者患者	140/90mmHg未満	135/85mmHg未満
後期高齢者患者	150/90mmHg未満（忍容性があれば140/90mmHg未満）	145/85mmHg未満目安）（忍容性があれば135/85mmHg未満）

日本高血圧学会「高血圧治療ガイドライン2014」

「0宣言の家」居住者の性別に見た最高血圧の平均値

「0宣言の家」居住者の最高血圧は、
全国平均と比べ男性では
6.6mmHg、女性では11.1mmHgも低い

性別	「0宣言の家」居住者の平均値	全国平均（国民健康栄養調査平成26年）
男性　最高血圧	124.51mmHg	131.1mmHg
女性　最高血圧	112.74mmHg	123.8mmHg

厚生労働省の「国民健康・栄養調査」や、「全国１万軒転居者調査」と比較すると、「0宣言の家」居住者は全国平均よりも高血圧者の割合が低く、また、最高血圧が低いことが分かります。年齢とともに血圧が上昇することを考えると、全国平均と比べても最低10年は長生きできそうだと推測されます。

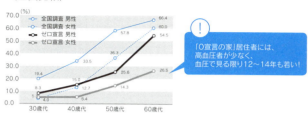

●「0宣言の家」居住者健康度（全国の調査データとの比較②）

「0宣言の家」居住者の世代別、性別にみた糖尿病者の割合（全国比較）

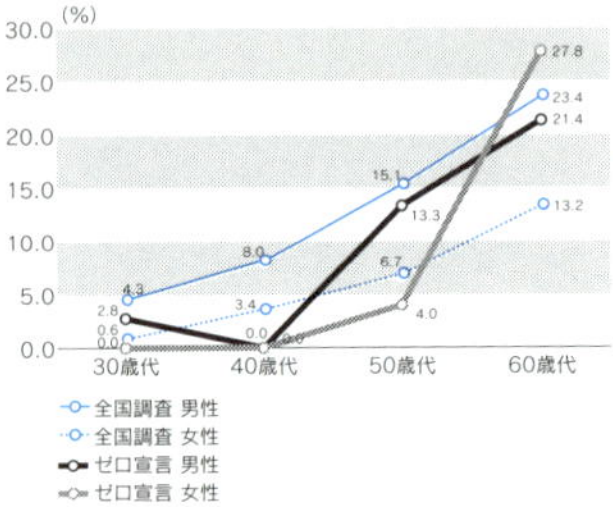

「0宣言の家」居住者には、糖尿病者が少ない！

「0宣言の家」居住者の世代別、性別にみた脂質異常症（高脂血症）の割合（全国比較）

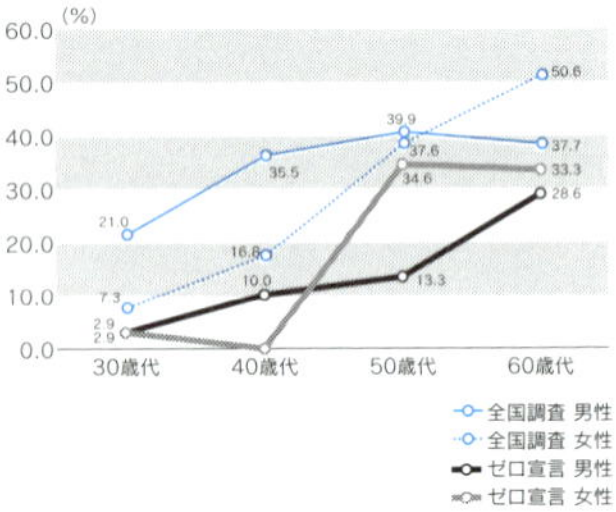

「0宣言の家」居住者には、脂質異常症が少ない！

「0宣言の家」居住者の世代別、性別にみた肥満者（BMI25.0以上）の割合（全国比較）

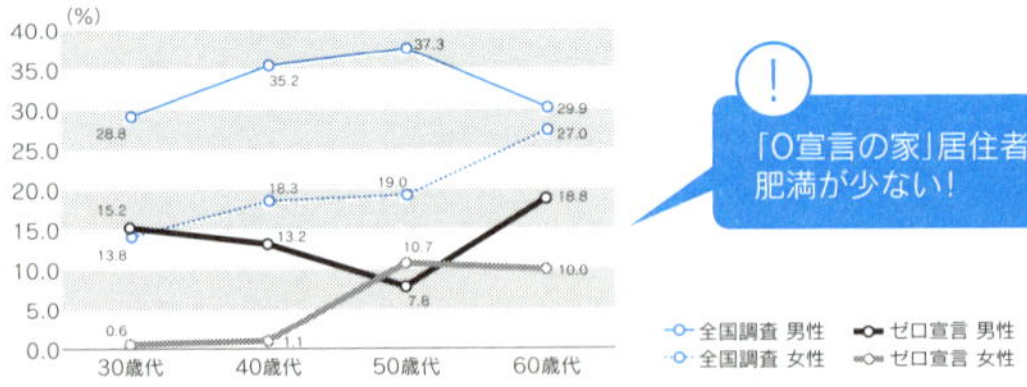

「0宣言の家」居住者には、肥満が少ない！

「0宣言の家」の居住者は、前述の血圧だけでなく、糖尿病、脂質異常（高脂血症）、肥満といった生活習慣病の割合も、全国平均に比べて低いことが明らかになりました。

らは、家で過ごす時間が増えた」「快適で出かけたくない」「仕事から早く家に帰りたくなる」といったお声をいただいています。そのくらい、心地よさを実感されているお施主様が多いのです。

そして、なぜ、「0宣言の家」で過ごす時間が長いほど痩せるのかというと、ひとことで言えば空気がきれいだからです、

体内の脂肪の燃焼・分解は、酸素があってはじめて行われるものです。運動がダイエットに良いとされるのは、結果的に酸素を体内に取り入れているからです。そのため急激な運動ではなく、ウォーキングや水泳などの有酸素運動でなければ、効果が得にくいと言われるのです。

次ページ下の「VOC濃度測定結果」にあるように、0宣言の家は、空気がきれいなことが証明されています。きれいな空気を吸うことで、脂肪の燃焼・分解がしっかり行われるのだと考えられます。

●「0宣言の家」居住者健康度（全国の調査データとの比較③）

「0宣言の家」居住者の世代別、性別にみた
やせ（BMI18.5以下）の割合（全国比較）

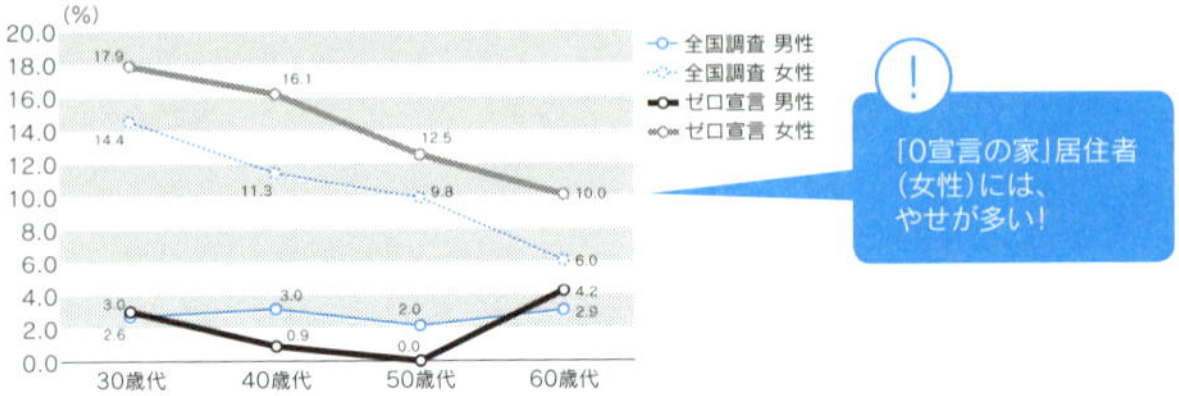

「0宣言の家」居住者の世代別、性別にみた
一日の歩数（全国比較）

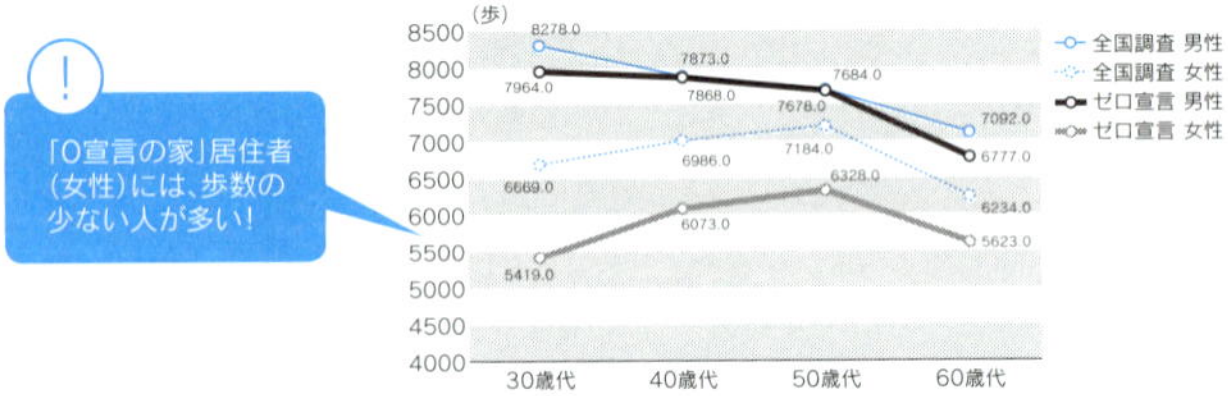

室内VOC濃度測定結果

成分名	気中濃度 [μg/m³]		体積比濃度 [ppm]		備　考
	測定値	指針値	測定値	指針値	
ホルムアルデヒド	73.7	100	0.062	0.080	
トルエン	122.1	260	0.033	0.070	
エチルベンゼン	10.1	3800	0.002	0.880	
キシレン	32.3	870	0.008	0.200	
スチレン	10.6	225	0.003	0.050	
アセトアルデヒド	421.6	48	0.240	0.030	
パラジクロロベンゼン	21.2	240	0.004	0.040	
テトラデカン	57.9	330	0.007	0.040	

グラフを見ると、「0宣言の家」居住者は全国平均よりも痩せている女性が多いことが分かります。それは、空気のきれいな自宅で過ごす時間が長いことが理由の一つとして考えられます。

快適な住環境が、健康寿命をのばす

今回の調査にご協力いただいたお施主様ご家族には、1年間を通して室内の温度・湿度を測定し、記録していただきました。その平均を示したものが次ページのグラフです。

温度・湿度ともに、快適な室内として推奨される基準の数値内であることが分かります。「0宣言の家」が快適であると、ずっと言い続けてきた私ですが、そのことが調査によって数字で証明されたのです。

夏は涼しく、冬は暖かい。そして、部屋ごとの温度格差はほとんどありません。

調査の監修をしてくださった星先生も、今回の調査で、「0宣言の家」のお施主様ご家族について、「全国的な調査よりも、アレルギー性鼻炎などの呼吸器疾患が4分の1程度と少なく、高血圧者の割合が低いのは、家の優れた特徴が化学

●「0宣言の家」の快適度

「0宣言の家」は、調湿・調温機能が優れている

「0宣言の家」の四季別、部屋別にみた平均温度、平均湿度

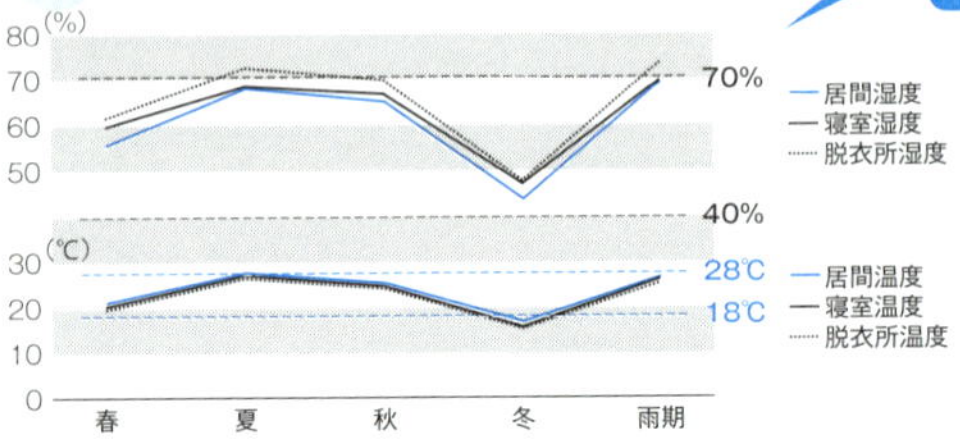

快適な室内の湿度・温度の目安

湿度	40～70%
温度	18～28℃

「0宣言の家」の部屋ごとの温度・湿度を季節別に測定したところ、ほぼ国の推奨基準であることが分かりました。また、部屋ごとの温度差・湿度差がほとんどないため、体への負担が少ない、人に優しい家であることが分かります。

冬期(2014年12月1日～2015年2月28日)
秋期(2015年9月1日～2015年10月22日頃まで)
春期(2015年3月1日～2015年5月31日)
雨期(2015年6月15日～2015年7月15日)
夏期(2015年6月1日～2015年8月31日)　記述統計量(温度と湿度)

物質のないクリーンな空間を生み、ダニ・カビの発生を抑えた結果、呼吸器系疾患を減らしただけでなく、『家全体の暖かさ』が室内温度の差をなくし、血圧を安定させ、循環器系疾患を予防していると考えられます」とおっしゃっていました。

また、最近のデータから、家の暖かさが循環器系疾患による死亡事故を予防する可能性と、生活機能低下や要介護状態を先送りする可能性があることを示してくださいました(次ページグラフ参照)。

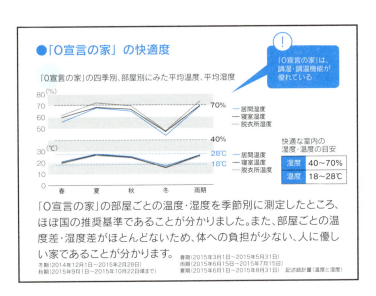

●住まいの暖かさと病気の関係

〈循環器疾患等の月別の住宅内死亡者数〉

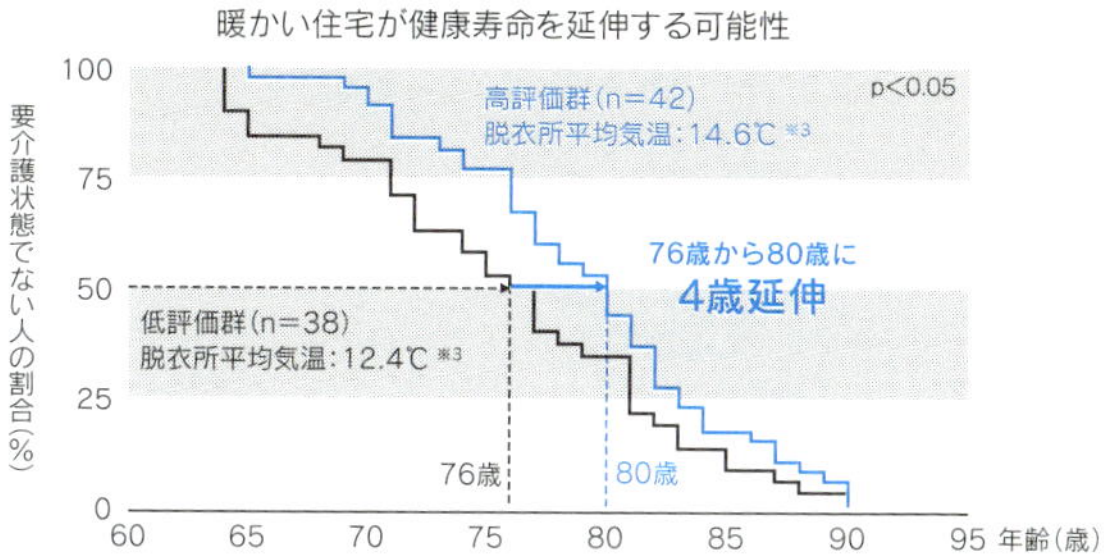

※1　脱衣所で冬に寒いと感じる頻度が「よくある」「たまにある」と回答した者を低評価群「めったにない」「全くない」と回答した者を高評価群に分類
※2　両群に個人属性(性別、BMI、学歴、経済的満足度、同居者の有無)の差が無い(x2検定でp>0.05)ことを確認　※3　t検定でp<0.05

林侑江、伊香賀俊治、星旦二、安藤真太朗、海塩渉、大橋知佳、本田英里: 生存分析に基づく住宅内温熱環境と虚弱高齢者の要介護認定との関連の変化、日本建築学会大会(関東)、2015.9

〈断熱住宅と非断熱住宅における要介護状態でない人の割会の差〉

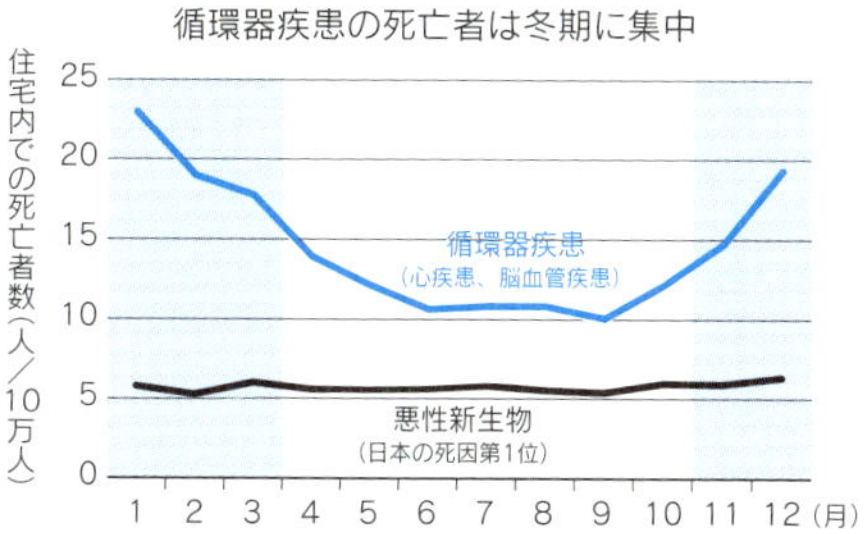

文1)羽山広文 他、「住環境が死亡原因に与える影響その1気象条件 死亡場所と死亡率の関係」、第68回日本公衆衛生学会総会、2009

上のグラフでは、暖かい家の居住者のほうが、年齢を重ねても要介護状態にならない人の割合が多く、健康寿命が延伸する可能性があることを示唆し、また、下のグラフでは、寒い冬期に死亡者数が増える循環器系疾患による死亡事故を予防する可能性もあることを示唆しています。

皆さんもご存知のとおり、医療費や介護費用の負担が社会問題ともなっています。時代は「早期発見・早期治療」の医療から、「病気をつくらないためにはどうすればいいいか」という予防医療（ゼロ次予防）に移っており、今後さらに注目されていくことだと思います。

今回の調査から、「0宣言の家」が病気予防に適した家であることもデータとして証明することができたと思います。また、「0宣言の家」が、まさにアンチエイジング、若返りの家ということも証明ができたと思います。

なぜなら、皆さんご存知のように、若い方のほうがご年輩の方よりも血圧が低く、代謝がよいため肥満率が低く、さらに、血液がきれいなので糖尿などの疾病の割合も低くなるのは当たり前のことです。

「0宣言の家」は、住むだけで若返り、真の健康を得られる「本物の健康住宅」であり、「アンチエイジングの家」なのです。

検証を続け、本物の健康住宅を追究する

「0宣言の家」のお施主様の健康度調査は、これで終わりではなく、入居から5年後のお宅にアンケートをお送りし、ご病気になられた方、亡くなられた方など、ご家族の変化も追跡調査させていただきたいと考えています。

「CASBEE」では、入居後のデータしか手に入れることができませんでしたが、現在は、慶應義塾大学の伊香賀教授との協働研究により、500人のお客様を対象に入居前と入居後の調査を行っています。

この調査では入居前と入居後の状況が比較できるため、入居後のみを調査した「CASBEE」では証明できなかったことも言及できることから、家が与える健康度をより明確に証明することができるのです。

医師や研究者の方々と厳格な調査を続けることで、家という環境がどれほど健

康と密接に関係しているかを、一人でも多くの方に知っていただくという私の使命が、遂行されていくことはうれしい限りです。

今後も、こうしたデータを重視した本物の健康住宅造りに邁進していく覚悟です。

多くの方の思いを力に、さらに前へ

このように、多くの方の協力により「0宣言の家」の技術が、進化してきたことから日本中で多くの家を建てていますが、最近では新築住宅だけでなく、医院や身障者施設、老人ホーム等の住宅以外の建築の依頼も増えています。また、新築だけでなくリフォームも同じように増加傾向にあります。こうしたことからももはや「0宣言の家」ではなく、「0宣言総合建築」との名称がふさわしいのかもしれません。

いずれにせよ、金儲けだけを目的とした家造り、ビジネスからスタートした私なんかでも、考え方を変えただけで多方面から必要とされるようになったのです。住む方のためになる家造りを真剣に考えたことが、良い結果につながっているのだと思います。経営者である前に、まずは、人としてどうあるべきかを、「0宣言」に携わったことで、教わったような気がします。

この家に住まわれた方からの感謝の言葉、また、この活動に共感していただける方からの励ましが、今の私の血となり骨となっているのです。

こんな私でも、必要とされることがうれしいのです。

これからも、そうした方への思いやりに恩返しをさせていただくためにも「0宣言」のさらなる進歩と普及に尽力するのみです。

第5章まとめ

医師や研究者とともに、健康住宅をさらに進化させる

・ 本当の健康住宅を広く知らせたい

・より多くの人に「0宣言の家」を広めるには、健康の専門家である医師の協力が必要。

・運命を変える先生方との出会い。

・医師や研究者、工務店と一緒に「住医学研究会」を設立。

・ 住まいと深く関わる病因

・電磁波、潜在感染、化学物質は、住環境とも深い関わりがある。

・断熱性能の悪い家は、ウィルスや細菌、ダニを発生させやすい。

→ダニはアレルギーだけでなく、リウマチやクローン病、ネフローゼなどの自己免疫疾患にも関わる。

・断熱性能の悪い家は、ヒートショックなどを招きやすい。

→急激な血圧の上昇は、心筋梗塞や脳出血、脳梗塞などに関わっている。

・ 進み始めた健康調査

・お施主様の協力を得て実施した「CASBEE」等の調査が「0宣言の家」の効果を証明

→「0宣言の家」に住む人は、高血圧者の数が少なく、血管年齢が若い。また、糖尿病や脂質異常、肥満などの生活習慣病の割合が低いなど、住環境の違いが調査結果にも明確に表れている。

原因を取り除けば、病気は治る。
「0宣言の家」は、病気を予防し、しかも若返り、
真の健康を手に入れられる
「アンチエイジングの家」である

ハウスメーカーへの質問例

“魔法の言葉”に惑わされないための、チェック問答例

Q 健康住宅って言うけど根拠はあるの？

A

「データはないですが・・・」「お客様は実感しているようです」などと曖昧に答えるハウスメーカーには要注意。

確かにお施主様が、快適に、健康に暮らしていると実感されることは大切です。しかし、なんの根拠もなく、ただ「健康になった」という声を紹介するだけでは、説得力はないでしょう。
そのことをきちんとご納得いただくには、調査や研究に基づいたデータでの裏付けが不可欠だと思います。それをやらずに、ただ「良い」と言うだけなら、誰にでも言えるのです。

Q ダニが健康に悪いと聞いたけど、調査してる？

A

「やったことがない」「やり方を知らない」などと答えるハウスメーカーには要注意。

ダニはアレルギーを引き起こすだけでなく、万病の元になります。そのため、住環境にどれほどのダニが潜んでいるかの調査は、非常に意味のあることなのです。ほんの数年前までは、ダニの調査はとても画期的なものでしたが、今では医薬品メーカーの開発したダニ判定薬も発売され、学校などでは年に一度の判定が義務付けられています。検査の方法も、掃除機があれば簡単にできるものです。このようなダニについての知識を持たない業者には、とても健康住宅を建てることはできないでしょう。

第6章

お施主様の症例が示す「0宣言の家」の効果

“先見の明”のあるお施主様

数年前に「0宣言の家」を建ててくださった愛知大学の小野良太教授は、ご自宅に学生さんや海外からの研修生などを招く機会が多いことから、「家を建てるなら、訪れた人が来た時よりも元気になって帰っていく家にしたい」という、素晴らしいお考えをお持ちでした。

そして、書店でたまたま私の著書を見つけられ、セミナーにも参加してくださり、「この人の言葉には嘘がない」と、「0宣言の家」を造ることを決意されたのです。

その当時から「0宣言の家」の快適さを実感してくださっているお施主様はたくさんおられましたが、数値化されたエビデンスとして、皆さんにご紹介できるものは残念ながら多くはありませんでした。それでも私の話を信頼し、何千万円という大きな買い物をしてくださった小野先生の感性は、素敵だなと思いました。

また、私のような者にも「澤田さんのような考え方をする人がいることを、学生たちにも知って欲しい」と、１００人を超えるゼミで毎年講演する機会を与えてくださっています。小野先生に出会えたおかげで、私自身が成長する機会を多く与えていただいたのです。こうした出会いも、この家造りをやってきたからこそです。まさに、私の人生の財産となっています。

小野先生が入居されて2年ほどしてからですが「いろいろな調査を重ねて、たくさんのエビデンスが得られるようになりました」とご報告すると、小野先生はにこやかにうなずいて、「私たち夫婦は、自分たちの五感、直感を信じて行動した結果、この家に辿りつきました。それはそれで正解だったと思っています。でも、エビデンスを集めることも、『0宣言の家』を広めていく上では必要なことなのでしょうね。私たちはデータが出る前から住んじゃっていますから、つまり、〝先見の明〟があったということでしょうね」と、今の状況を喜んでくださいました。

この言葉を聞いて、ご自分たちの感性を大切に、「0宣言の家」を選んでくださったことに感謝するとともに、「0宣言の家」の素晴らしさを、たくさんのエビデンスで証明することができて本当に良かったと思いました。そして、本当に良い家を広めていくことが、私たちを信じてくださった方々へのご恩返しになると改めて感じました。

第6章では、これまでに家を建ててくださったお施主様の事例をご紹介させていただきます。

ご登場くださるご家族は、「0宣言の家」の素材や工法へのこだわりを評価して家造りを決意された、〝先見の明〟のある方々です。客観的な数値のエビデンスとともに、実際に住まわれた方々の実感も、家づくりを検討される皆さんのご参考になると思います。

事例1　栃木県宇都宮市　K様

脳障害のある娘の症状が改善
住環境がもたらした、驚きの変化

娘が脳炎を患ったのは、8歳の時でした。半年ほどの入院の後、病院の医師からは、このまま人工呼吸器は外せることはなく、また、コミュニケーションをとることも期待できないかもしれないと告げられました。

しかし、リハビリ病院に転院後、懸命に看護を続けたことで、なんとか人工呼吸器を外すことはできました。そして、自宅療養後もリハビリを続け、娘は自分の足で歩けるほどにまで回復したのです。

娘のリハビリに際し、私たちが取り入れたのが、「ドーマン法」という脳障害のリハビリ療法プログラムでした。夫婦で研修を受けたのですが、その中で、娘にとって食事や運動のほか、住環境も大切であることを知ったのです。

ただ、賃貸の住まいではできることにも限界があります。それがマイホームの検討を始める一つのきっかけになりました。

私たちは、自然素材で家を建てている二つのハウスメーカーの広告を見て、娘を連れてモデルハウスに出かけることにしました。家の中でいちばん長く過ごすのは娘ですから、娘が快適にいられる家がいいと思ったのです。

そして、二つのモデルハウスを訪れると、娘の表情には大きな違いが現れました。

1軒目のモデルハウスでは、娘の落ち着きがなくなり、帰りたがっているように見えましたが、2軒目のモデルハウスでは、娘はとても落ち着いて見えたのです。この2軒目のモデルハウスが、「0宣言の家」でした。

後で分かったのですが、最初に見たモデルハウスは、自然素材を使っていると言いながら、見えない部分には合板などを使っていたのです。私も妻もそれほど

の違いを感じることができませんでしたが、娘の反応で実感することができたのです。

「０宣言の家」に引っ越すと、ほどなくして娘に変化が現れました。

引っ越す前は、娘はてんかん重積状態（発作がある程度の長さ続く状態）を起こすことが度々あり、いつ発作が起こるのかと、片時も目を離すことができませんでした。それに、重積状態になれば入院となり、家族も泊まり込みで付き添いをしなければなりません。家族は常に気の休まらない状態に置かれていたと思います。

ところが、新居に移ってからは、重積発作が起きないのです。しかも、娘の表情が少しずつ穏やかになり、笑顔も見られるようになりました。また、トイレも自分から知らせてくれるようになったのです。

引っ越しから1年ほど経つと、娘は一人で階段の上り下りまでできるようになりました。娘はずっと1階だけで生活すると思っていたので、階段を上がれたのは本当にうれしい誤算でした。

現在は、「0宣言の家」に住んで3年が経ち、娘にはさらなる変化が起きています。

引っ越し前に悩んでいたてんかんの重積発作は、これまで3年間、一度も起こっていません。入院して体力が落ちるようなこともないので、以前よりも体重が増え、少しふっくらしてきました。

●住環境が変わって、薬が減った！

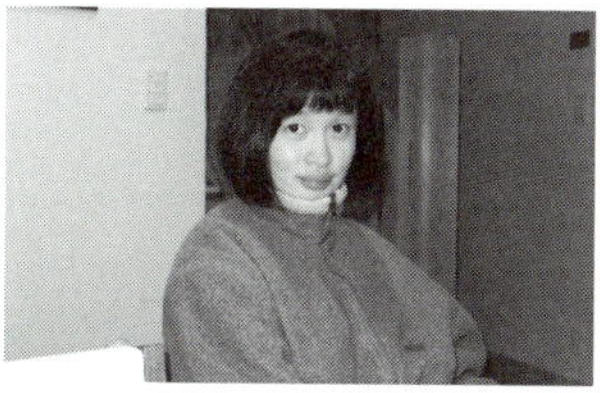

今年、成人を迎えた娘さん。記念写真の撮影には着物を着て臨んだという

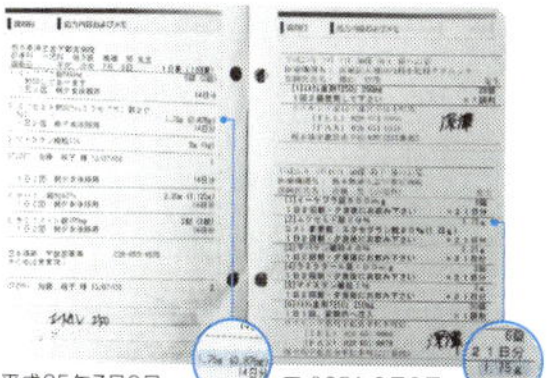

平成25年7月9日　平成25年9月3日

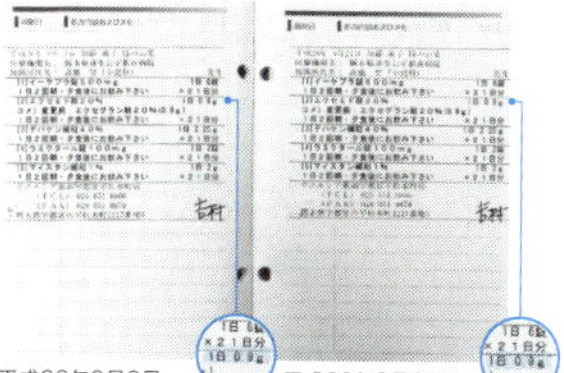

平成26年9月3日　平成26年9月24日

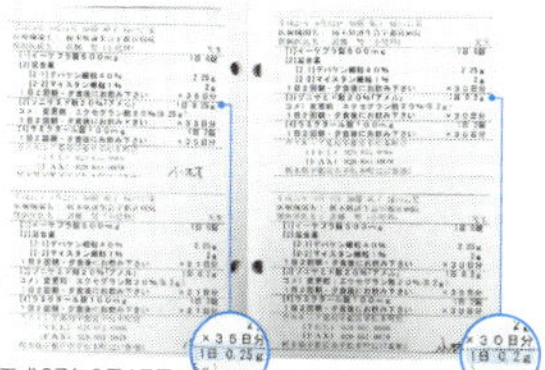

平成27年6月17日　平成27年8月12日

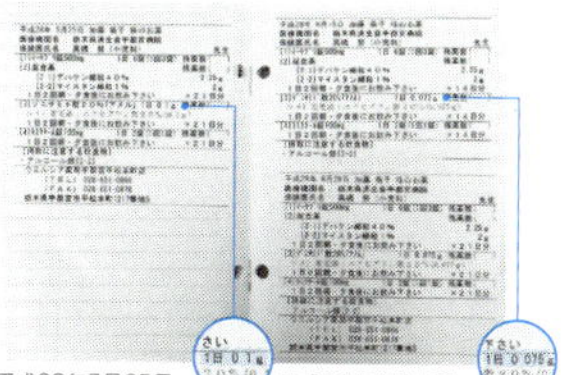

平成28年5月25日　平成28年6月15日

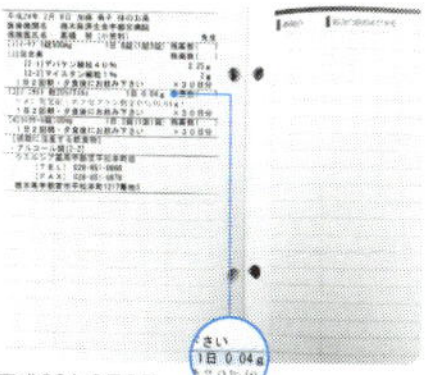

平成29年2月8日

長年、継続して飲んでいた「エクセミド」や「ゾニサミド」という抗けいれん剤が「0宣言の家」に越してから徐々に減り続け、ついに0.04gに。「眠気が強いお薬で、食べては寝る、食べては寝るの繰り返しだったので、もうちょっとでなくせそうなのは本当にありがたい。大きな進歩です」と奥様が話してくれました。

また、服用している薬の量も減ってきています。中でも抗けいれん剤が減ったのはうれしいことです。今でも軽いけいれんを起こすことはありますが、以前のように突然バタッと倒れるのではなく、自分から床に寝転ぶようにもなりました。

さらに家族を喜ばせたのは、娘の毎日の行動に自発性が出てきたことです。以前は、家族の様子に無関心だった娘が、最近は私の読む新聞を興味深そうにのぞいたり、テレビの報道番組をじーっと見ていたりするのです。

娘が良い状態で過ごしていられれば、家族も安心して過ごすことができます。結果としてご家族全員が、元気でいられるのです。

「0宣言の家」で暮らし始めて、娘だけでなく、家族全員の生活が変わったと感じています。私はＤＩＹ、妻は庭でハーブや野菜の栽培を始めましたし、息子も本を読む時の集中力や睡眠の深さに違いを実感していると言います。

これからも、この家で家族全員が健康に、娘も個性を発揮しながら、一つひとつできることを増やしていけたらと願っています。

K様の娘さんの症状について、第5章でご紹介させていただいた小児脳外科医の高橋義男先生にお話をうかがいました。

「0宣言の家」の環境と娘さんの状況の変化にはどのような関係があるのか、数多くの子どもたちの病気や障がいと向き合ってきた先生の数多くのご経験から解説していただきました。


（高橋義男先生談）

ハンディキャップがあると、「これ以上できない」と思われがちですが、環境を含めていい状態になれば、人が本来持っている能力は、まだまだ発揮できると思います。娘さんの場合、「0宣言の家」の自然に近い環境がリラックスを生み、プラスに作用したとも考えられるでしょう。

てんかんの痙攣を起こさないためには、しっかりとした睡眠を取ることが重要で、娘さんは、「0宣言の家」が発する放射エネルギーの影響で、安定した睡眠が得られているのだと思います。また、リラックスしていると周囲の状況を見る余裕も出てくるので、ご家族の様子にも興味を示し始めたのかもしれません。

この先、さらなる変化を望まれるなら、何かしら仕事をさせていくことが重要です。娘さんに何かの役目を持たせ、本人の充実感や安心感を引き出すことができれば、社会に戻してあげることも不可能なことではないのです。

例えば、家に人が集まったとき、三本締めの「ヨッ！」という掛け声を出す係にするとか、家の掃除をさせるというのもいいと思います。娘さんはいい顔つきをしているから、もっと変化してもいいと思います。

「0宣言の家」に移ったことは、娘さんにとって一つのチャンスです。

この環境を活かして、もうひと踏ん張り、次のステップに進んでいきましょう。

事例2　新潟県新潟市　A様

パーキンソン病の進行が落ち着き
高血圧、霜焼けの悩みも解消

夫が10年ほど前にパーキンソン病と診断され、自宅で療養生活を送ることになったのですが、住んで40年ほども経つ当時の家は、小さく仕切られた間取りであったため、家の中での移動が大変になってきていました。そのような状況からリフォームの検討を始めることにしたのです。

当初は大手ハウスメーカーを中心に調べ始めたのですが、たまたま近いエリアで「0宣言の家」の見学会が開かれることがあり、足を運んでみたのです。

私も、娘も、息子も医療関係の仕事に従事しているにもかかわらず、住宅と健

康の関係についてはあまり知りませんでしたが、「0宣言の家」と他の建築会社の造る家との空気感の違いを感じ、この家がいいと思いました。

「0宣言の家」に住んで、まず実感したのは、冬の暖かさです。

以前の自宅は、金属製の屋根、壁であったことから、とにかく冬に寒い家で、石油ストーブで暖房している居室とトイレ、脱衣室との温度差は10℃近くもありました。子どものころから霜焼けに悩まされてきたのに、この家で暮らし始めてからは、一度も悩まされることがなく、とても驚きました。

「0宣言の家」は、家族の健康にも良い影響を及ぼしていると思います。

パーキンソン病を患っている夫は、症状の進行とともに薬の量が増えていましたが、新居では症状が落ち着き、ほぼ、薬も必要なくなりました。それまでは薬が切れると力が入らなくなるようで部屋にこもりがちだったのに、今では部屋から出て歩くことも多くなっています。

また、私自身も、これまでに高血圧と高脂血症を患い、5～6年間も毎日薬の服用が欠かせなかったものが、新居に越して半年ほどで1日おきで済むようになりました。

私の薬が少なくなったことについて、お医者様は「薬が効いていますね」とおっしゃいますが、私自身は、「0宣言の家」の影響が大きいと思っています。なぜなら、「0宣言の家」に住む前から薬の服用は続けていたのに、今の数値とは全然違うからです。

他にも、同居する娘が風邪をひかなくなったり、愛犬からペット特有の匂いがしなくなったり、仏壇のお花が半月も枯れなかったりと、「0宣言の家」は、私たち家族にさまざまな良い効果をもたらしてくれています。

こんなことなら、もっと早く家を建てればよかった。

家族全員が、そう思っています。それくらい素敵な家なのです。

事例3　新潟県新潟市　T様

血圧安定のための〝薬漬け〟から解放され 血管年齢が若返った

妻の体に異変が現れたのは、今から7年前のことです。右手の動きが悪くなり、続いて右足が動かなくなりました。さまざまな病院で検査を行いましたが、なかなか原因が分からず、結局、頸椎損傷《けいついそんしょう》（脊柱管狭窄症《せきちゅうかんきょうさくしょう》）だと判明するまでには、2年もの歳月がかかったのです。

手術を受け、支障なく日常生活が送れるようになったものの、次は薬の副作用に悩まされることになりました。手術の後で急激に血圧が上がってしまい、血圧を安定させる薬を飲み始めたのですが、薬を飲むと今度は血圧が下がりすぎ、反対に上げる薬も飲まなければならなくなってしまい、まさに薬漬けの毎日でした。

妻は本当に辛かったと思います。

その頃、夫婦で新居の計画も進め始めており、新聞で知った澤田先生の講演会に出かけてみたのです。健康住宅という言葉も知りませんでしたが、講演会で先生の話を聞き、大手メーカーの家造りに疑問を感じ、その場で「0宣言の家」を建てることを決めました。

そして、新居に住んで1年ほど経つと、妻の健康面に変化が見られたのです。それまで毎日服用していた血圧の薬が1日おきになりました。

●手術後の奥様の投薬遍歴

頸椎の手術をきっかけに甲状腺の状態が変化し、血圧の薬を飲むようになった奥様。加えて蕁麻疹によるかゆみを抑えるために飲み薬を服用するなど薬漬けの日々でした。『0宣言の家』に引っ越して来てから、目に見えて服用量が減ってきています。

●11年1月25日外来
検査項目TSH(低値)とFT4(高値)・FT3(高値)で甲状腺中毒症と診断される

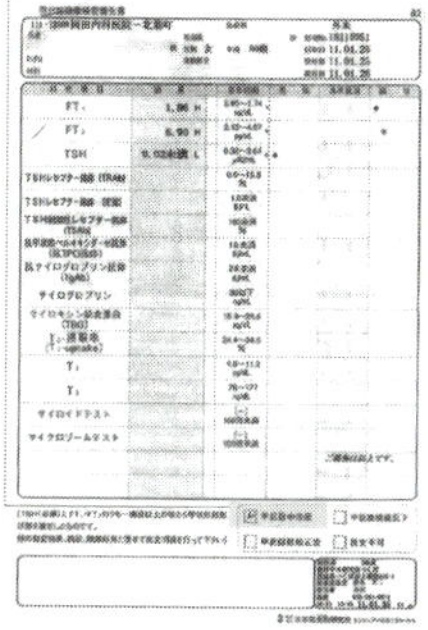

●11年12月5日外来
サイログブリン(高値)と#TSHレセプター抗体定量(高値)が基準値を超えている

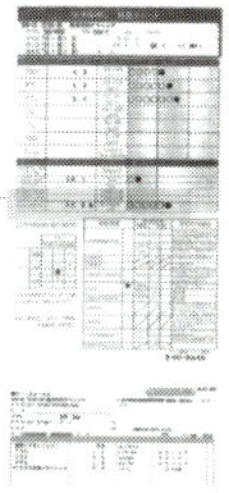

●16年3月24日外来
検査項目TSHとFT4・FT3、TSHレセプター抗体ともに正常と診断された

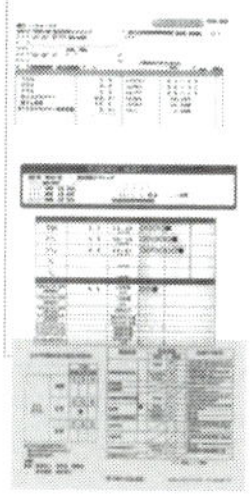

CAVI(動脈の硬さ)

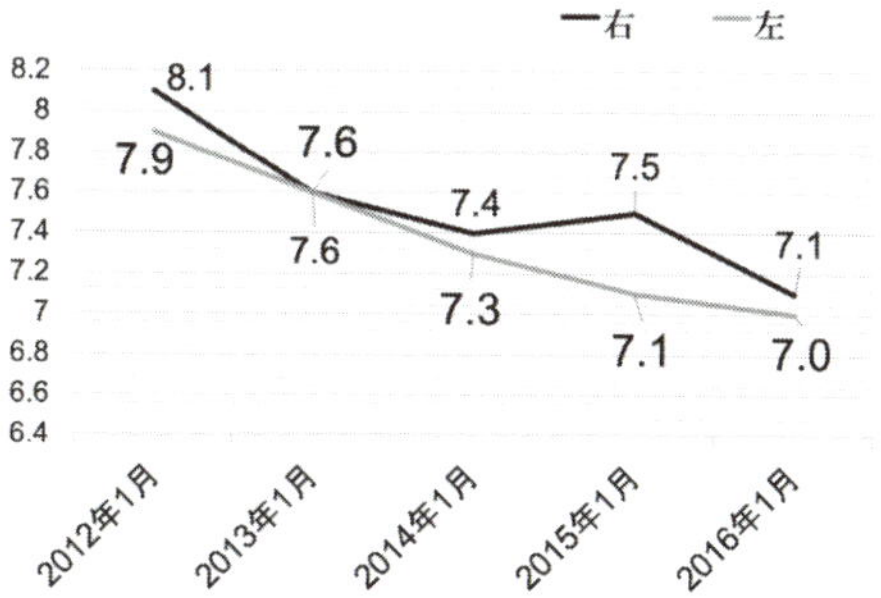

血管の硬さは35～39歳と同等と診断される

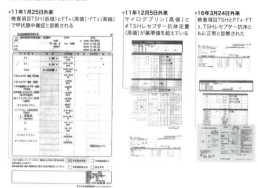

さらに、それからまた1年ほど経過したら、今度は薬をやめてみようとお医者さんに言われたのです。以前からずっと飲んでいた慢性蕁麻疹の薬も、毎日服用から1日おきとなり、今は2日おきになりました。

なぜこのような変化が起きたのか、その時は意識していませんでしたが、改めて考えてみれば、これまでと大きく違うのは家を建てたことぐらいです。それだけに何か影響しているのではないかという思いもあります。

また、その後も、妻にはうれしい変化がありました。

病院で血液検査をしたところ、お医者さんに「あれ？ 血管年齢が若返っていますね」と驚かれたのです。実年齢よりも10歳くらい若い数値になったのは、薬のおかげか、家のおかげかは分かりませんが、何らかの影響はあるのかもしれないと思います。子育ても終わり、現在は夫婦二人だけの生活です。誰に気兼ねをすることもなく、ストレスフリーな時間を、快適な住まいで、健やかに過ごせるのは、とてもうれしいことです。

事例4　愛知県豊川市　W様

母の血圧が安定し、カテーテル手術が不要に
娘の肌荒れもきれいに

以前の住まいは、妻の母が50年前に建てた家でした。大型の台風が来ると家がぐらぐら揺れたり、天井から砂が降ってきたり。具体的ではないけれど、このまずっとは暮らせないということは、薄々感じていました。

当初は耐震リフォームも考えていたのですが、断熱材もなく、隙間風も入ってくる家だったので、思い切って建て替えを検討することにしたのです。

私が最初に取った行動は、住宅展示場巡りでした。10社以上のハウスメーカーに相談しましたが、相談すればするほど、疑問が浮かんでくるのです。

なぜ家に24時間換気が必要なのか、なぜ集成材を使うのか、なぜオール電化を

すすめるのかなど、ハウスメーカーの営業マンに質問してみるのですが、納得のいく答えは返ってきませんでした。そんな時、新聞で澤田先生のセミナーがあることを知り、参加してみたのです。

セミナーで歯に衣着せぬ口調で、ズバズバと現在のハウスメーカーの問題点を指摘する澤田先生のお話を聞き、これまで溜まっていた胸のつかえがすっととれていきました。そして同時に、「0宣言の家」をもっと知りたくなり、完成見学会にも参

●荒れてしまった娘さんの顔の皮膚も新居入居後9カ月で回復

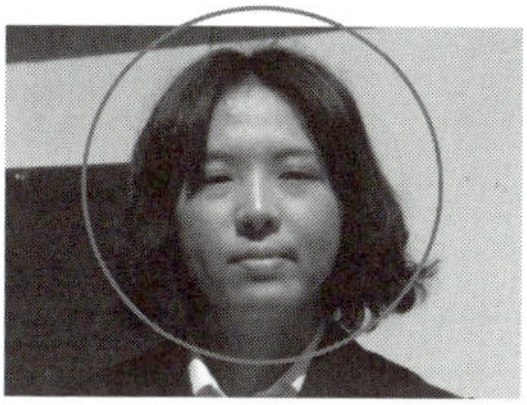

After

Before

●お祖母様の平均血圧の推移

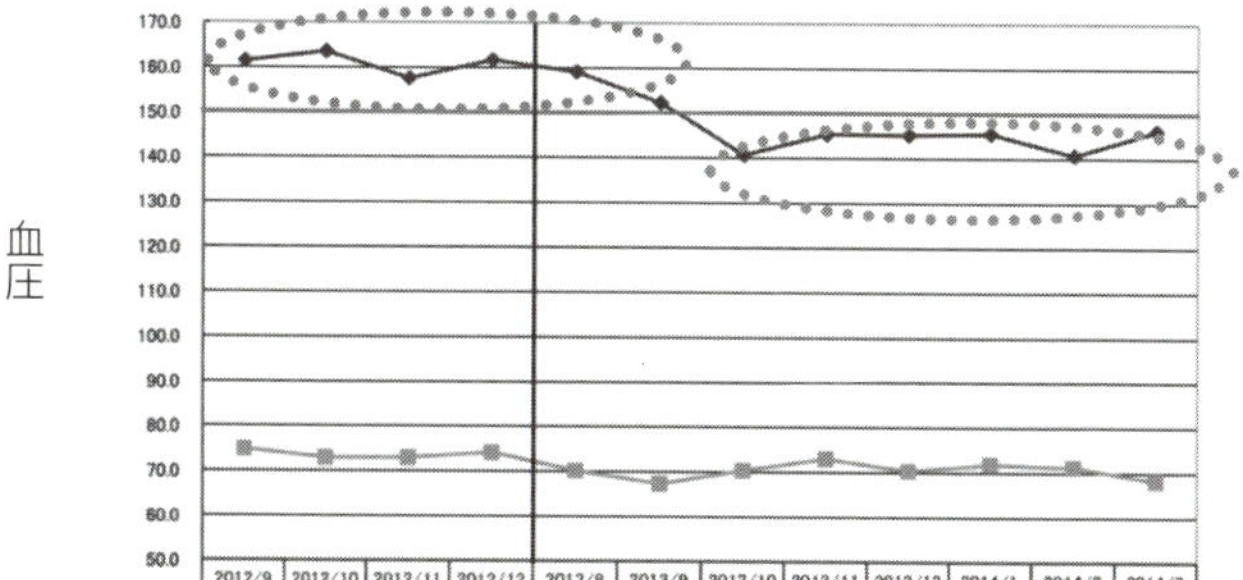

	2012/9	2012/10	2012/11	2012/12	2013/8	2013/9	2013/10	2013/11	2013/12	2014/1	2014/2	2014/3
月間平均血圧(高)	161.4	163.5	157.6	161.7	159.1	152.3	140.7	145.3	145.2	145.5	140.7	146.1
月間平均血圧(低)	74.8	72.9	72.9	74.2	70.2	67.3	70.3	73.0	70.3	71.8	71.3	68.2

●「0宣言の家」に入居する前と後の医療費の変化

旧家の年間医療費
\72,310-/人

新家の年間医療費
\55,040-/人

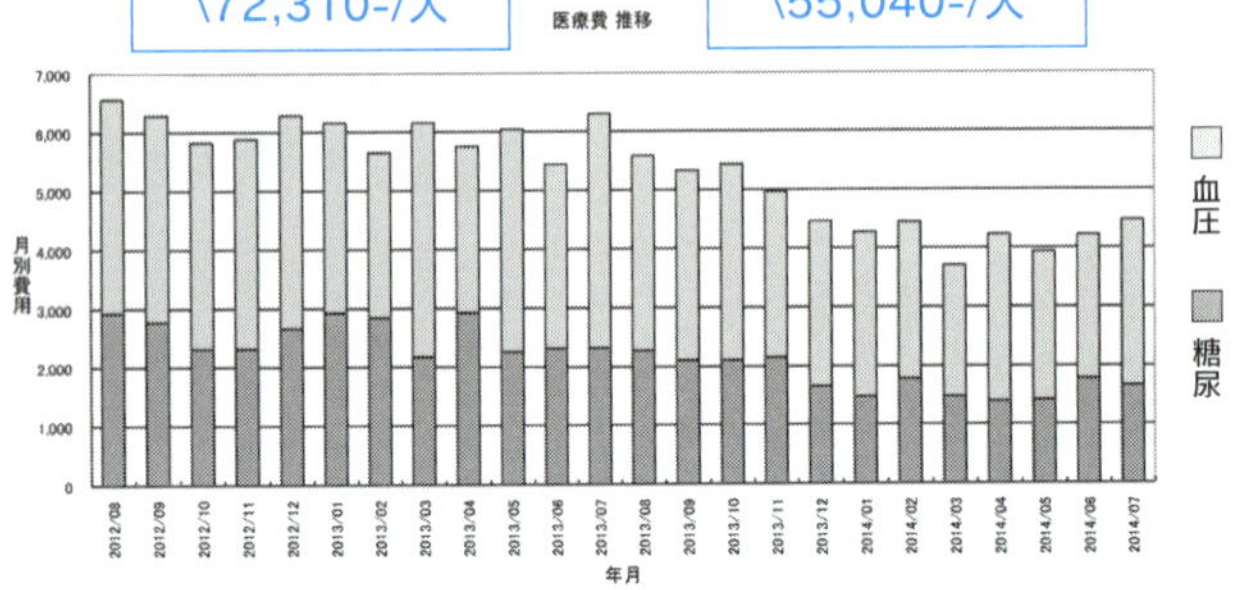

年間医療費の差△\17,270-/人+カテーテル手術費△8～35万/年

●W様邸の4年間の光熱費推移

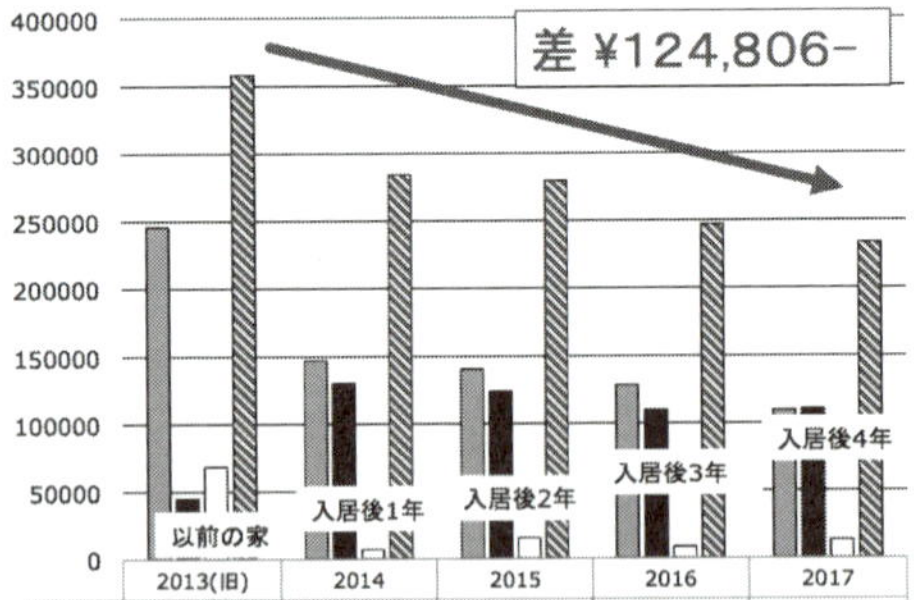

	2013(旧)	2014	2015	2016	2017
▥電気代	245,720	147,142	140,622	128,583	109,890
■ガス代	44,626	130,432	124,111	110,083	110,537
□灯油代	68,187	6,891	15,279	8,358	13,300
▨合計	358,532	284,465	280,012	247,025	233,727

＜光熱費＞
30年で300万

＋

＜修繕費＞
30年で700万

↓

30年で1000万!

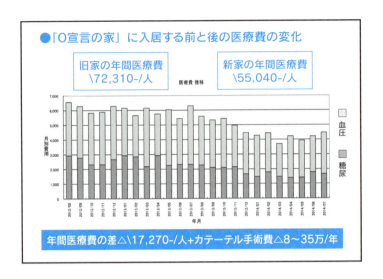

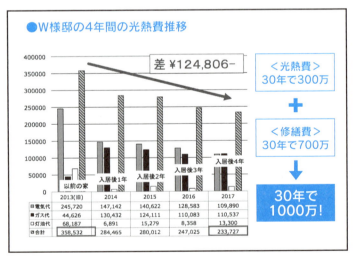

加してみたところ、初めて訪れた「0宣言の家」には、今までに味わったことのない心地よさがありました。そして、「建てるなら、この家がいい」と、建て替えを決めたのです。

ところが、家の建て替えで半年間仮住まいをした途端、娘の顔の肌がひどく荒れてしまったのです。皮膚科でもらった塗り薬をつけても治りません。小さい頃にアトピー性皮膚炎を患ったことはありましたが、成長に伴い、完治していたはずなのです。病院で検査をしても、なぜこのようなことになったのか、その理由は分かりませんでした。

そのような状態で完成した「0宣言の家」に引っ越すと、娘の肌荒れは徐々に快復に向かい始め、9カ月後には元通りのツルツルな肌になりました。こうした経緯から考えると、肌荒れの原因は新建材のアパートでの生活にあったとしか思えません。そして、「0宣言の家」の環境で、それが改善に向かったのです。

また、高齢の母の健康状態も、建て替え前の時よりも良くなりました。

母はもともと血圧が高く、最高血圧は160mmHg以上もあったのですが、入居から3カ月ほどで140mmHg台まで下がりました。しかも、狭心症の持病もあり、これまでは毎年1回は心臓カテーテル手術を受けていたのに、それも必要がなくなったのです。身体の負担が減って姿勢も良くなり、以前よりも元気になったと思います。

そして、喘息気味だった妻も咳き込むことが少なくなりました。おかげで家族の医療費も大幅に削減することができました。

表面だけを自然素材で繕った家でなく、見えないところまで全てが自然素材の家は、住んでみて初めて本当の良さが分かりました。

もう一つ不思議なことに、年々、ランニングコストも下がってきています。

澤田先生がセミナーで、「0宣言の家」は日々進化していると話されていたことを思い出し、改めて「0宣言の家」のすごさを実感したのです。

事例5　兵庫県川西市　F様

アトピー性皮膚炎、蕁麻疹の症状が緩和
待望の子宝にも恵まれた

私たちが「0宣言の家」を知ったのは、妻の母が澤田先生のセミナーのことを知り、勧めてくれたのがきっかけでした。

私には昔からアトピー性皮膚炎の症状があり、かゆみがひどいときは、自分で肌を掻き壊し、出血してしまうほどで、長い間辛い思いをしてきました。

また、妻もアレルギー性鼻炎があり、7年ほど前から原因不明の蕁麻疹にも悩まされていました。二人ともアレルギー体質ですから、家を建てるなら自然素材の家がいいというのは、前から考えていたのです。

義母も、そんな私たちの気持ちを知っていましたから、「自然素材の家を考え

ているなら、参加してみたら？」と、セミナーの話をしてくれたのだと思います。

セミナーで聞いた澤田先生のお話は、とても興味深いものでした。そこで「0宣言の家」の見学会にも参加してみたのですが、これまで私たちが抱いていた住宅のイメージとはまったく違う家に衝撃を受けたことを覚えています。

自然素材のリラックスした雰囲気に触れ、こういう家が欲しいと、家造りを決意したのです。

「0宣言の家」に住んで4年になりますが、私のアトピー性皮膚炎の症状が、とても軽くなったと思います。肌を掻き壊すような症状が起こらなくなり、ステロイド薬だけでなく、保湿の薬もほとんど使わずに済むようになりました。

また、妻も鼻炎や蕁麻疹に悩まされることが少なくなっています。

そして、もう一つ、私たち夫婦には、うれしい変化がありました。

引っ越してから2年後に、待望の子宝にも恵まれたのです。

急いでいたわけではありませんが、二人で神社に願掛けに出かけたこともありましたから、赤ちゃんを授かったときは、この家が助けてくれたのではないかという気持ちにもなりました。

生まれた娘は健やかに育ってくれています。両親がアレルギー体質なので、娘にもアトピーが遺伝するのではと心配していましたが、今のところ、娘の肌はモチモチつるつるです。1年中、室内の湿度が安定し、結露やカビが発生しない、こうした住環境が健康面にも関係しているのではないかと思います。

実は、「0宣言の家」に出会う前、他の工務店から材質を落として建築コストを抑える提案も受けました。

でも、私たちが選んだのは、「材質を落とすくらいなら家は建てない」と言った「0宣言の家」でした。この家に住んでみて、あの時の判断は正しかったとつくづく思います。

本当に良い家に出会えたことには、感謝しかありません。

事例6　沖縄県那覇市　K様

娘の重い喘息が緩和し、夫婦の体調不良も大幅に改善

以前から娘には喘息の症状があり、しかもかなりの重傷で、酸素吸入器が必要になるほどです。夜間にひどい発作を起こしたことも一度や二度ではありません。当時は、私の実家で暮らしていたのですが、同居していた祖母にもリウマチがあり、心配をかけないために、救急車を家

から離れたところに停めてもらい、娘を抱えて走ったこともありました。娘がいつ発作を起こすかと心配で夜も熟睡できず、不安はどんどん募るばかりでした。

また、私自身も血圧の上昇や体のだるさ、胸の痛みといった症状に悩まされ、妻も頭痛、蕁麻疹、インフルエンザにかかりやすいなど体に不調を抱えていたのですが、不思議なことに、病院で検査を受けても診断結果は「異常なし」なのです。体調が悪いのに、原因が分からないという状態が、私たちの気持ちを余計に重たくしていたように思います。


沖縄で、澤田先生のセミナーが開かれると知ったのは、まさにそんな時でした。実家は梅雨になると壁のクロスが剥がれるほど湿気を多く含む家だったため、ちょうど家の新築を検討し始めたタイミングでもありました。健康住宅のセミナーということでもあり、とにかく参加してみることにしたのです。

澤田先生のお話は、本当に驚くことばかりでした。そして、住環境が人に与える影響の大きさを知り、家族全員が健康に暮らせる家に住みたいという思いがどんどん強くなり、「0宣言の家」を建てようと決めたのです。

実は、私の家が「0宣言の家」の沖縄第1号で、近くに施工例もなく、最初は半信半疑だったのですが、住宅環境を改善する「放射エネルギー」を使った装置やクリームを試したことで、その効果をだんだん期待するようになりました。

完成した家は、沖縄の気候風土に合わせたRC造の平屋で、無垢材のフローリングと漆喰の内装は、とにかく快適です。沖縄だけに夏の暑さは心配でしたが、実際は、6畳用のエアコン1台の設置のみで暮らせています。

そして、家族の体にも変化が現れました。

まず、娘の喘息の症状が緩和し、食欲も旺盛になりました。

続いて私と妻の原因不明の体調不良もほとんど見られなくなり、住まいが変わるだけでこれほど違うものなのかと、その改善ぶりには大変驚いています。

「0宣言の家」には、空気感の良さはもちろんですが、それ以上に〝幸せ感〟を感じます。妥協ない家造りができたこともその要因かもしれません。

これからも、家族三人、元気に過ごしていきたいと思っています。

「0宣言の家」に住まわれた多くの方々に有難い言葉をいただけることは、うれしい限りです。オーバーかもしれませんが、今の私は、こうした声をお聞きするためだけに、この家造りをしているのかもしれません。

前述してきたように、この業界に入ったのは借金返済のため、家族のためだけでした。そんな私ですから、良い家を建てよう、お施主様に喜んでいただこうという気持ちは皆無だったのです。しかし、ログハウスに住まわれたお施主様からの感謝の言葉をいただけた時の感動、うれしさは、30年近く経った今でも忘れることはできません。

お施主様の笑顔を見ると、言葉に表すのは難しいほど何ともいえない幸せな気持ちになれるのです。お金儲だけを目的にしていた時代には、どんなに大きな売上目標を達成した時にも、こうした感情は一切ありませんでした。むしろ虚しい気持ちになったものです。

そうしたことからも、私は、もう二度と以前のような生き方はしたくないのです。ビジネスの成功者である前に、人としての生き方を大事にしたいのです。

本気でそう取り組んでいけば、必然と施主様の笑顔が見られると思うのです。

これからも、一人でも多くの方の笑顔を見続けたいものです。

それが、私の一番の幸せなのです。

長くかかりましたが、やっと気づけたようです。

あとがき

今回も無事（？）に原稿を書き終えることができました。

読み返してみると、これまでの著書と同様に「ここまで書いてしまって本当に大丈夫か⁉」と心配な箇所もあるのですが、〝住宅展示場では教えてくれない〟真実をお伝えするために本書を書いているのですから、嘘は書けませんし、隠してもいけないと思うのです。

もちろん、ここに書いたのは私の意見ですから、これが全てではありません。違う見解をお持ちの方も多数おられることだと思います。

ただ、どのような考えの方でも、本書でご紹介した三つの「本当の良い家」の要件には共感されると思います。

①長持ちして資産価値の落ちない家
②機械に頼らず、ランニングコストのかからない家
③調湿性があり、家族が健康に暮らせる家

家は私たちの生活の場であり、大切な資産です。だからこそ、この三つのどれが欠けても、納得のいく住まいとは言えないでしょう。私はこれまでの経験から、その大切さを痛いほど実感したのです。

しかし、これから家を建てる方は、なかなか最初からこの心境には至れないものです。なぜなら本書でご紹介したように、大手メーカー優先の仕組みが世の中を動かし、ハウスメーカーの営業マンは「魔法の言葉」で、都合の良い状況を正統化してしまうのです。

何が真実かを確かめたいと思う方は、各章のまとめにあげたQ&Aを住宅展示場などで試してみてください。営業マンが明確に答えられないような会社と契約

し、あとあと「こんなはずではなかった」という事態に陥らないよう、くれぐれも気をつけていただきたいと思います。

また、業者の方の中には、この書を手に取りお怒りの方もおられるかとは思いますが、人に言われて困るビジネスを続けるのは、苦しい限りではないでしょうか。以前の私が、まさにそうであり、営業をするたびに契約前に嘘がばれないようにと冷や汗をかき、契約締結に成功しても、人としての真の喜びというのは皆無だったのです。

そんな私でも、一冊の本が勇気を与えてくれ、ユーザーのことを第一に考えた家造りへと導いてくれたのです。そうしたことからも、本書がたとえ一部の少数の方にでも勇気を与えられたらとの思いもあるのです。是非、ご理解いただきたいものです。

さて、前著の出版から約3年。「0宣言の家」も、前述の三つの要件を追究し続け、目覚ましい進化を遂げています。

特殊放射エネルギーを応用した分電盤や浄水器の開発、無機100％の漆喰の採用も始めました。また、住医学研究会の発足によってさまざまな医師や大学教授とのネットワークが広がり、その結果、住まいと健康に関するさまざまな専門的な情報の入手が可能となり、調査・研究のエビデンスの蓄積も進んでいます。

そうした多くの方のご協力のおかげで、活動の勢いはこれからますますスピードアップしていくのではないかと、私自身楽しみで仕方がありません。

私たちの新たな取り組みや技術について、いち早く皆さんにお届けする方法として、私は全国に足を運び、セミナーでお話をしています。

セミナー会場では、本書と同様、いえ、それ以上に辛辣なことも言いますが、内容が面白いと興味をもっていただけるようで、どのセミナー会場に行っても、大勢の方が参加してくださっています。また、なぜか家を建てられた後もリピートして来てくださるお施主様もたくさんいらっしゃいますし、マイホームを検討している人に勧めてくださる方もいます。

そういう皆さんの存在が、私の心の支えでもあります。

これからも各地でセミナーを開催していく予定で、私がお話しするだけでなく、医師、研究者の方にお話しいただくセミナーもいろいろと思案中です。近くで開催される際には、ぜひ足をお運びください。

本書やセミナーでお伝えする内容が、少しでも皆さんの心に届き、理想の家造りに役立てていただけるなら、大変にうれしいことです。

最後までお読みいただき、誠にありがとうございました。

住医学研究会 名誉顧問・ウェッジグループオーナー

澤田 升男

著者紹介

澤田升男（さわだ ますお） 住医学研究会 名誉顧問
ウェッジグループオーナー

1963年、岐阜県の工務店の二代目として生まれる。大学で建築工学を学び、卒業後、ゼネコンに入社するが、家業を継ぐため1年で退社。23歳にして沢田建設株式会社の経営を引き継ぎ、年商4000万円の会社をわずか3年で年商10億円まで成長させる。その後、全国に「本物の家造り」を広めたいという思いで、自然素材のパッケージ住宅「風家」やオリジナル工法「ダブル断熱」などを提供する株式会社オーパスを設立。全国の工務店にノウハウや資材を販売するほか、営業サポートなどを行い、全国のお客様に会員工務店を通じて「本物の家造り」を提供。設立後、わずか7年でオーパス会員工務店800社まで育てる。2007年に上場企業に売却後、現在は建築業界だけでなく、幅広く異業種に向けてのコンサルティングも行っている。

澤田塾公式サイト http://sawadajuku.com/
住医学研究会 http://jyuigaku.com

新版 住宅展示場では教えてくれない本当のこと。

2017年12月20日 初版発行
2018年 9月10日 第二刷

著　者 澤《さ》田《わ》升《だ》男《ます お》
発行人 山近義幸

発行所 株式会社ザメディアジョン
〒733-0011 広島県広島市西区横川町2-5-15
TEL 082-503-5035 FAX 082-503-5036
http://www.mediasion.co.jp

取材協力 浅井千春
カバー装丁 こはる

印刷・製本 株式会社 シナノパブリッシングプレス

 ISBN978-4-86250-540-8